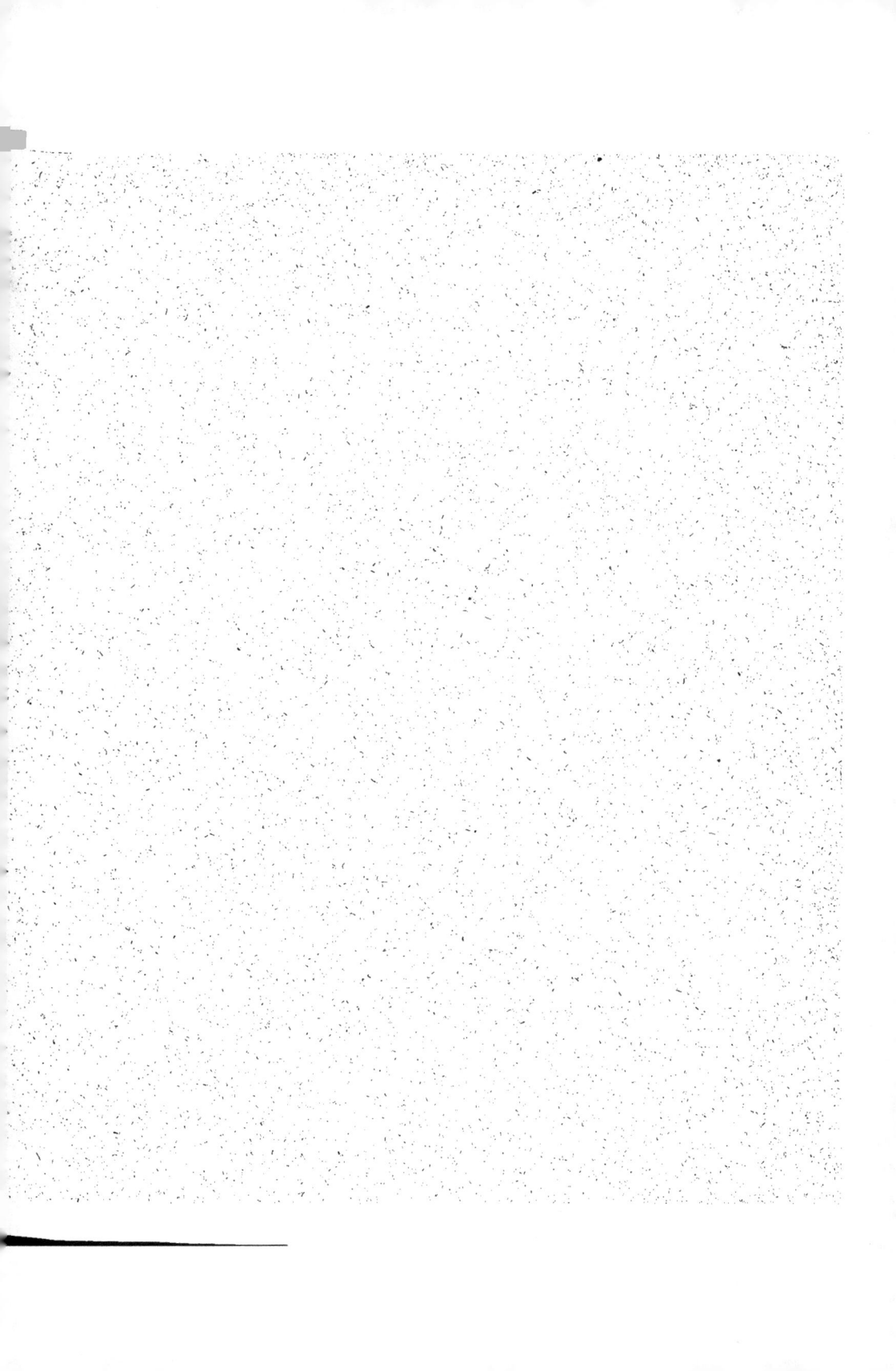

DESCRIPTION

PLANS ET DÉTAILS

DES ÉTABLISSEMENTS DE BIENFAISANCE

CRÈCHES, SALLES D'ASILE, OUVROIRS,

BUREAUX DE BIENFAISANCE;

PAR

LOUIS HEUZÉ,

ARCHITECTE, COMMISSAIRE DU BUREAU DE BIENFAISANCE DU 3ᵉ ARRONDISSEMENT.

Ce n'est pas proprement l'aumône, c'est la charité qui est le but des desseins de la Providence, la vocation de l'homme aisé, le complément du monde moral.

Baron de Gerando.

Prix : 6 francs 50 centimes

PARIS,

IMPRIMERIE ET LIBRAIRIE DE MADAME VEUVE BOUCHARD-HUZARD,

5, RUE DE L'ÉPERON.

1851

DESCRIPTION

PLANS ET DÉTAILS

DES ÉTABLISSEMENTS DE BIENFAISANCE

CRÈCHES, SALLES D'ASILE, OUVROIRS,

BUREAUX DE BIENFAISANCE;

PAR

LOUIS HEUZÉ,

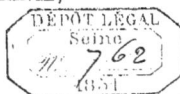

ARCHITECTE, COMMISSAIRE DU BUREAU DE BIENFAISANCE DU 3ᵉ ARRONDISSEMENT.

> Ce n'est pas proprement l'aumône, c'est la charité qui est le but des dessins de la Providence, la vocation de l'homme aisé, le complément du monde moral.
>
> *Baron de Gerando.*

PARIS,

IMPRIMERIE ET LIBRAIRIE DE MADAME VEUVE BOUCHARD-HUZARD,

5, RUE DE L'ÉPERON.

—

1851

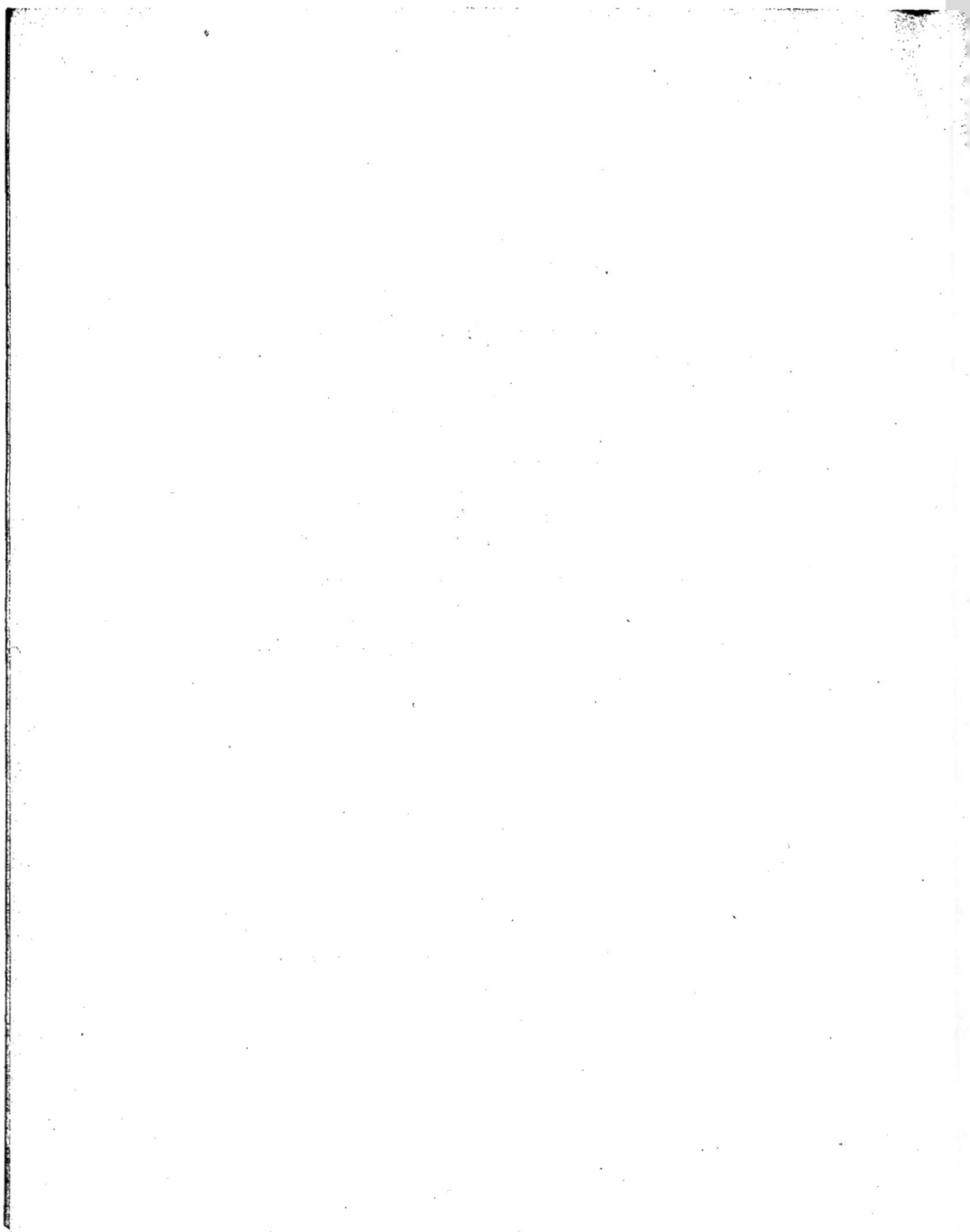

INTRODUCTION.

Les établissements de bienfaisance sont, depuis longtemps, l'objet de la sollicitude générale; les efforts tentés jusqu'à ce jour ont été souvent couronnés de succès. Sur plusieurs points de la France on a vu s'élever, surtout dans ces dernières années, des crèches, des salles d'asile, des ouvroirs et des bureaux de bienfaisance, monuments précieux consacrés à l'indigence.

Dans ces établissements, l'homme, enfant ou vieillard, trouve consolation, protection et secours. Ce sont les auxiliaires de sa vie; ils l'aident et la guident.

Un nouvel être a vu le jour, et du sein de sa mère sa frêle existence confiée aux mains d'une sœur charitable reçoit dans la *crèche* tous les soins si touchants de la maison paternelle. La mère que la nécessité éloigne du berceau de son enfant, qui n'apaisera pas ses premiers cris de douleur, privée qu'elle est du bonheur d'épier et de prévenir ses besoins, abandonne, non sans regret, mais avec sécurité, ces devoirs graves et doux à la charité elle-même. L'ouvrier, le pauvre laboureur, retenus tout le jour loin de leur demeure, demandant à leurs rudes travaux le pain de la famille, retrouvent là pour leur enfant un second foyer domestique.

Cependant, d'un pas chancelant encore, l'enfant avance dans la vie; déjà le premier âge est passé, et la *salle d'asile* qui l'attend lui promet d'autres soins. Une dame directrice va, par des exercices sagement ménagés, développer ses membres délicats et bientôt son intelligence naissante.

La petite fille trop jeune encore pour entrer en apprentissage ou se rendre utile auprès de ses parents reçoit, dans les *ouvroirs*, une instruction morale et pratique ; elle y puise de sages préceptes, s'y forme aux habitudes d'ordre et de travail, ces sources de bonheur dans la vie de famille.

Enfin l'enfant est devenu adulte, fortifié physiquement par des exercices corporels, formé moralement par de sages conseils, fruits de cette éducation première qu'il a puisée dans ces établissements consacrés à l'enfance ; il va lutter contre les difficultés de la vie et ses vicissitudes...

Gardons l'espérance qu'il saura résister aux épreuves que le sort lui réserve ; ne l'offensons pas en cherchant à préjuger l'avenir, en voulant prévoir les suites des fautes qu'il ne connaît pas encore ; respectons son innocence, et par nos leçons, notre exemple soutenons-le contre les entraînements des passions, les écarts des mauvais penchants qu'engendrent plus habituellement les grandes villes. Combien, d'ailleurs encore, de causes de misères ! Les maladies, le chômage, la vieillesse lui enlèveront les moyens et peut-être jusqu'à l'espérance de pouvoir subvenir aux besoins d'une famille souvent nombreuse ! Que le *bureau de bienfaisance* s'ouvre alors pour lui ; qu'il reconnaisse la main de la charité qui, le prenant jadis au berceau, éleva son enfance, guida sa jeunesse, secourut son âge mûr et soutient maintenant sa vieillesse.

Telle est la destination de ces modestes établissements ; la charité, tel est le mobile et le but des fondateurs. Désireux de concourir, pour notre part, à cette œuvre philanthropique, nous apportons notre bonne volonté et le résultat de nos efforts. Après les écrits nombreux publiés sur ce sujet, émanés de plumes plus exercées que la nôtre, nous n'avons pas eu la prétention de faire mieux que nos devanciers. Réunir dans un cadre restreint les renseignements utiles épars dans les différents ouvrages, constater les améliorations obtenues, indiquer celles que l'on pourrait tenter encore, tel est l'objet de notre travail.

C'est donc pour combler quelques lacunes et propager de plus en plus ces établissements, en nous conformant à l'esprit des fondateurs, que nous avons recueilli tous les documents publiés jusqu'à ce jour sur ces divers sujets. Nous avons classé les matières dans l'ordre qui nous a paru le plus facile à suivre pour l'homme du monde qui désire les étudier, et nous avons indiqué les sources où nous avons puisé. En visitant les divers établissements fondés dans Paris, nous avons recueilli les observations des personnes compétentes, et, après les avoir consignées dans ce précis, nous les avons résumées dans des plans où nous nous sommes efforcé de réunir les meilleures dispositions aux combinaisons les plus économiques.

Les détails qui terminent cet ouvrage ont été relevés avec la plus scrupuleuse exactitude et dessinés à une échelle assez grande pour que l'on puisse toujours exécuter sur ces données.

Les divers modes d'assainissement, tant par la distribution du calorique que par la distribution de l'air, ont surtout attiré notre attention; car ces établissements perdraient toute leur efficacité, s'ils n'étaient, par leur salubrité, des modèles d'hygiène.

Je ne terminerai pas cet exposé succinct sans adresser mes remercîments bien sincères aux personnes qui ont eu la bonté de me seconder dans mes recherches; car leur bienveillance a fait pour moi de ce travail un sujet des plus agréables études.

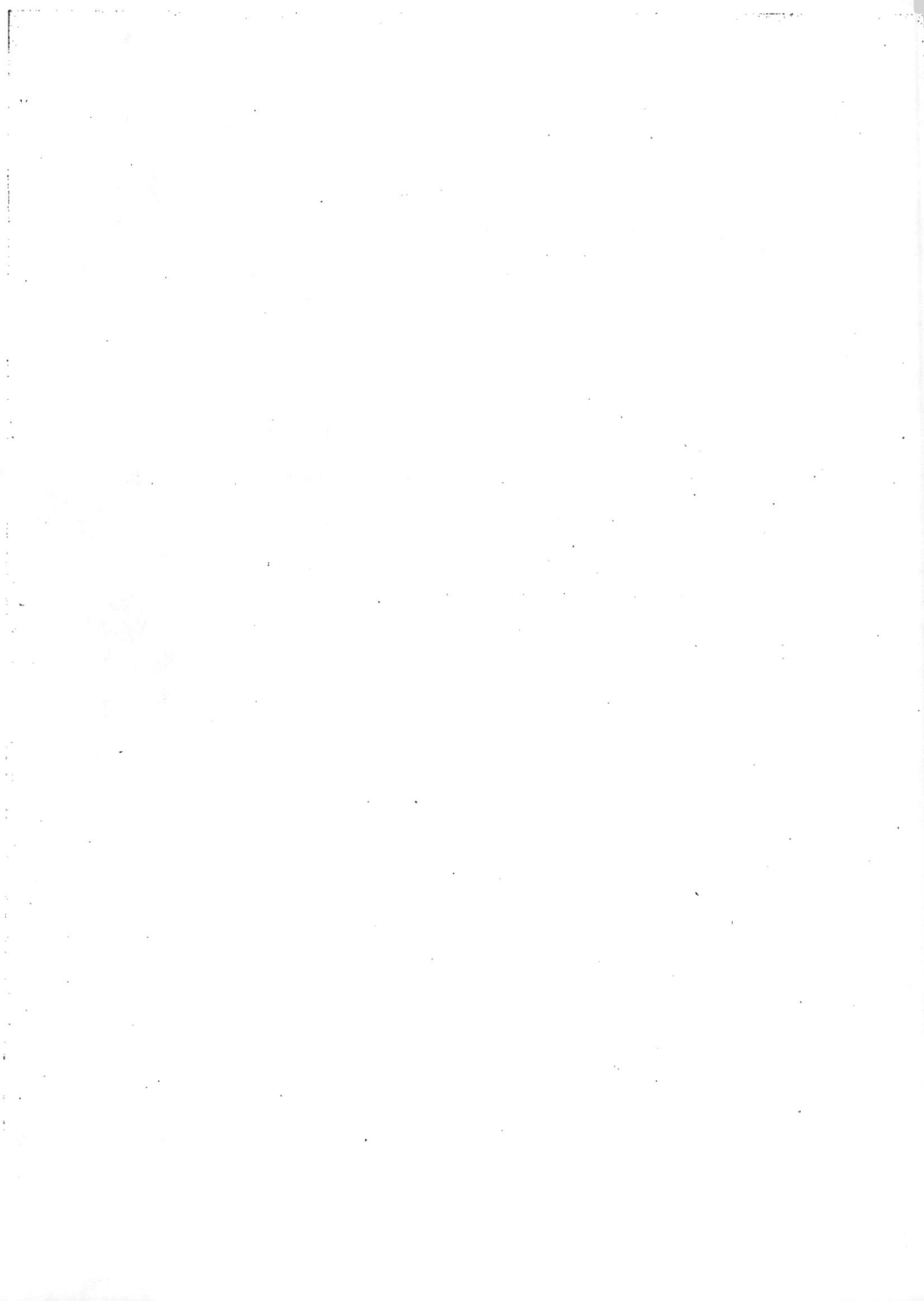

DESCRIPTION

PLANS ET DÉTAILS

DES ÉTABLISSEMENTS DE BIENFAISANCE.

CHAPITRE PREMIER.

CRÈCHE.

> « ... Ils trouvèrent l'enfant couché dans
> une crèche, et, ouvrant leurs trésors, lui
> offrirent des dons. »

Définition. — La crèche est un établissement dans lequel on reçoit, depuis six heures du matin jusqu'à neuf heures du soir, les enfants nés viables.

Cet établissement les prend à leur naissance, et à l'âge de deux ans ils entrent dans la salle d'asile. Tout enfant peut être reçu à la crèche, s'il est né de parents pauvres et si la mère se livre à des travaux journaliers qui la forcent de s'absenter de sa demeure. Les parents sont astreints à tenir les enfants proprement, à fournir le linge nécessaire pour la journée et à payer une cotisation variable dans les divers établissements de Paris, mais qui est, en moyenne, de 15 centimes par jour.

Un tronc dans la crèche et les cotisations des personnes bienfaisantes viennent au secours des mères trop nécessiteuses et suppléent à la cotisation que l'on exige d'elles.

Les avantages de la crèche pour les populations ouvrières sont trop généralement appréciés pour qu'il soit nécessaire de les rappeler ; et cependant, ici, nous osons indiquer une amélioration notable. Sans nous permettre aucune critique envers les administrations, nous croyons que l'on pourrait, par exemple, obtenir une assez grande diminution sur l'entretien des enfants ; nous allons indiquer à l'aide de quels moyens.

Les frais d'établissement et de loyer sont dispendieux parce qu'on a toujours considéré la crèche comme un établissement à part. Il serait très-facile cependant de diminuer ces frais de moitié en l'annexant soit à la salle d'asile, soit aux bureaux de bienfaisance, soit aux ouvroirs. Souvent la même pièce peut servir à deux établissements différents sans augmentation de dépense. C'est ainsi que la cuisine, l'office, le bûcher et la buanderie peuvent être communs à la crèche et au bureau de bienfaisance.

Nous commencerons par décrire la crèche considérée isolément ; ensuite nous la combinerons avec les autres établissements de bienfaisance.

Description sommaire.

La crèche se compose, pl. I, II,

1° D'un vestibule ; 2° d'un vestiaire ; 3° d'une vaste salle pour recevoir les berceaux ; 4° d'une cuisine ; 5° d'une buanderie ; 6° d'un séchoir ; 7° de lieux d'aisances ; 8° d'une terrasse.

Le mobilier comprend :

1° Des barcelonnettes, pl. XVI; 2° une pouponnière, pl. XVII et XVIII; 3° un parc, pl. XV; 4° des lits de repos , pl. XVI; 5° un lavabo ; 6° des siéges d'aisances, pl. XVI; 7° un bureau ; 8° une lingerie.

Le personnel comprend :

Une directrice, des nourrices et une femme de peine, employés rétribués. Les dames patronesses de l'œuvre et les dames directrices inspectent, surveillent et dirigent l'établissement.

Description des pièces.

Le vestibule est une pièce d'attente pour les mères qui apportent leurs enfants à la crèche ; il empêche le froid de pénétrer dans les salles pendant l'hiver.

Le vestiaire sert à déposer les vêtements des enfants à leur arrivée. On les revêt, en entrant dans la crèche, de la robe de l'établissement. Leurs vêtements, conservés, sont rendus aux parents en état de propreté quand ils reprennent leurs enfants.

La salle servant de crèche proprement dite est une vaste pièce éclairée par des jours qui sont, autant que possible, assez élevés pour que l'on puisse placer, au-dessous, des berceaux. Au milieu de la salle se trouve un poêle; des deux côtés, le parc, la pouponnière et les lits de repos. On peut aussi placer ces derniers contre les murs. Aux deux extrémités sont disposés le lavabo et le bureau de la directrice.

Sur les murs peuvent être inscrites des maximes; une petite statue de la Vierge à l'Enfant servira d'emblème à l'établissement. Les murs seront peints en tons assez doux, tels que ceux du vert d'eau, du lilas, de la terre de Sienne; le blanc est trop éclatant.

Le plancher sera parqueté. Le bois de chêne, par sa dureté, est très-facile à nettoyer, il a une très-longue durée; mais le bois blanc est plus chaud et moins sujet à blesser les enfants dans le cas d'une chute. Je balancerais beaucoup entre ces deux espèces de bois; l'économie me ferait pencher pour ce dernier.

Dans plusieurs crèches on avait introduit des harmoniums, pour distraire les enfants au moyen de la musique; mais l'on a renoncé à ces instruments, malgré le plaisir que les enfants semblaient en ressentir, tant on a craint de produire une impression trop vive sur leurs faibles organes.

La cuisine, qui contiendra un fourneau, une pierre d'évier, une table et des tablettes, servira à préparer les aliments, composés de bouillon gras, de soupes maigres, de laitage, et enfin de tout ce que l'on peut donner aux enfants dans le premier âge.

La buanderie est à côté de la cuisine; c'est dans cette pièce que la femme de peine essange les linges qui auraient été salis dans la journée et les place ensuite dans le séchoir.

Le bûcher sera pris dans l'endroit le plus obscur et qui ne pourrait être autrement utilisé.

Le séchoir est une pièce dans laquelle l'on fait sécher les langes; il doit, autant que possible, avoir plusieurs ouvertures, afin que l'on puisse établir des courants d'air. Il renfermera un petit poêle pour l'hiver.

Les lieux, qui devront être de plain-pied avec la salle, attireront surtout l'attention du constructeur. Ils seront rapprochés de la salle, mais séparés par une petite entrée ventilée par un jour ou par une ventouse. Les lieux proprement dits contiendront un siége à l'anglaise pour les grandes personnes. Contre le mur, le parquet sera revêtu de zinc (c'est le métal qui est le moins attaqué par l'acide urique) dans une largeur de 0^m,30. Un relief contre les murs, et sur le devant un bourrelet soutenu sur un petit tasseau, limiteront une surface très-facile à nettoyer; à l'extrémité, se rendant dans le tuyau de descente, un conduit A, pl. XVI, contourné en siphon, de manière à ce que l'eau qui se trouve toujours dedans empêche l'odeur de remonter. Sur cet emplacement ainsi disposé seront rangés cinq ou six vases de nuit recouverts de siéges mobiles, pl. XVI.

La *galerie* sert à promener les enfants les jours de beau temps, pour leur faire prendre l'air et les distraire ; elle sera garnie de rideaux en coutil pour les abriter du soleil.

Lavabo. — En outre des pièces précédemment décrites, je regarde qu'il serait très-utile d'avoir, contre la crèche, une salle secondaire servant de lavabo pour la toilette des enfants ; car il est impossible que les émanations des langes ne répandent pas dans la salle une odeur persistante difficile à faire disparaître. Une salle dans laquelle les mères nourrices viendraient allaiter leurs enfants, sans être indispensable, serait encore d'une certaine utilité.

Description du mobilier.

La *barcelonnette*, pl. XVI, est un petit lit en fer qui coûte environ 15 fr.; elle est mobile, supportée par trois pieds rendus plus stables au moyen de socles en fonte qui forment des espèces de patins. Au-dessus, une tige terminée à son extrémité par une boule en cuivre sert à supporter les rideaux du berceau. Elle est garnie d'une paillasse en paille d'avoine de 0,20 d'épaisseur, et d'une seconde paillasse de même matière, mais beaucoup plus petite. Cette dernière serait avantageusement remplacée par les feutres absorbants de la maison Delacroix, 36, passage Choiseul.

Chaque lit porte un numéro correspondant à celui du registre sur lequel l'enfant est inscrit.

Les lits de repos, qui suppléent les barcelonnettes et qui prennent beaucoup moins de place, sont des espèces de cases dans lesquelles l'on couche les enfants les plus âgés. Ils sont assez semblables, pour la forme, aux berceaux grossiers dont se servent les habitants de nos campagnes, mais ils sont réunis tous ensemble. La figure de la pl. XVI suffira pour les faire bien comprendre sans plus ample description. Ils sont garnis comme les berceaux.

La *pouponnière*, pl. XVII et XVIII, est un petit meuble très-ingénieux, indispensable dans la crèche. Elle se compose d'une galerie A, formée par deux mains courantes que supportent des montants en bois assemblés dans des traverses fixées par des vis sur le plancher mobile. Les traverses, les montants et les mains courantes sont garnis de pitons dans lesquels l'on passe du cordonnet pour former un treillage. Le plancher mobile est en bois de 34 millimètres, garni de feutre ou de *thibaude* et recouvert d'une toile cirée. Il se divise en deux parties suivant la ligne CD, et peut être facilement déplacé, si l'on veut nettoyer la pièce dans laquelle il se trouve. Dans l'espace renfermé par la galerie est disposé un cours de petits siéges B séparés par des bras; sur ces derniers repose une tablette C assemblée par des chevilles en bois P. Au centre, sont placés deux escabeaux pour les nourrices. Les enfants qui peuvent se soutenir sont assis dans la pouponnière, autour des nourrices. Tantôt ils prennent leurs repas, tantôt ils jouent avec des *bimbelots* que leur donne la nourrice. S'ils s'ennuient, elle les place dans la galerie; leurs petites mains se posent sur les deux rampes, s'accrochent aux mailles du filet et s'y cramponnent, ce qui fait qu'ils ne tombent que rarement. Du reste, la manière dont est garni le plancher empêche tout accident qui pourrait résulter d'une chute.

Le *parc*, pl. XV, est un meuble composé d'une balustrade en planches découpées, renfermant des bancs au pourtour et des tables. C'est là que les enfants les plus grands prennent leurs repas, jouent et commencent à étudier leur *a b c*. Ce meuble n'est d'une véritable utilité que quand il y a un grand nombre d'enfants dans la crèche.

Le *lavabo* est une espèce de table en chêne, pl. XVI, recouverte d'une toile cirée, dans laquelle se trouvent pratiqués des trous pour recevoir les cuvettes. Au-dessous, des clous supportent les éponges de chaque enfant; au-dessus, un casier pour mettre les serviettes. Chaque éponge et chaque case portent le numéro sous lequel l'enfant est inscrit.

Les *siéges d'aisances*, pl. XVI, en forme de petits fauteuils, sont en noyer de 11 millimètres d'épaisseur; ils sont mobiles et servent à recouvrir les vases de nuit. La lunette est circulaire et un peu évasée sur le devant. Ces siéges sont très-utiles pour soutenir les enfants.

Le *bureau* de la directrice est garni de deux troncs: l'un pour recevoir les offrandes qui doivent venir en aide aux mères indigentes; l'autre, celles qui sont destinées à l'entretien de la crèche.

Sur le bureau sont trois registres tenus par la directrice, l'un pour l'inscription des enfants, l'autre pour l'inscription des offrandes des personnes qui concourent à l'entretien de la crèche: Sur le troisième sont inscrites les dépenses de l'établissement.

La *lingerie* est une petite montre dans laquelle on place le linge nécessaire à l'entretien des enfants.

Personnel.

La directrice a pour mission de surveiller les nourrices, qui doivent être dans la proportion d'une pour dix enfants inscrits. (Il n'y a guère que la moitié de présents, ce qui réduit ce nombre d'enfants à cinq en moyenne par nourrice). Les nourrices lèvent les enfants, les nettoient, leur font prendre leurs aliments et leur donnent enfin tous les soins d'une bonne mère de famille.

La femme de peine fait la cuisine, essange le linge qui aurait été sali pendant la journée, pour le rendre propre le soir à la mère.

Les dames patronesses et inspectrices ont pour mission de veiller à ce que tout soit fait convenablement dans la crèche ; elles soutiennent l'établissement à l'aide des souscriptions qu'elles peuvent obtenir, et par les secours qu'elles donnent elles-mêmes.

Après les brochures qui ont été imprimées sur la meilleure manière de diriger la crèche, nous ne pourrions rien ajouter pour l'instruction des dames patronesses ; nous les renvoyons à ces petits ouvrages, qui sont faits avec la plus minutieuse sollicitude, par M. Marbeau, fondateur des crèches, et par les dames patronesses des différents établissements de Paris.

Voici les titres de ceux que nous avons pu consulter :

Des crèches, par F. MARBEAU. Au comptoir des imprimeurs unis, quai Malaquais, 15 ; Paris, 1846.

Considérations sur l'établissement des crèches à Lyon, par F. BARIER. A la société des libraires, rue de Beaune, 2.

Visite à la crèche modèle, par J. DELBRUCK.

CHAPITRE II.

SALLE D'ASILE.

Définition. — La salle d'asile est un établissement dans lequel on recueille les enfants âgés de deux à cinq ans, depuis huit heures du matin jusqu'à six heures du soir ; là ils reçoivent les premières leçons de lecture, de dessin et de chant ; on les distrait par des exercices propres à les fortifier.

Il est inutile de développer ici tous les résultats bienfaisants des salles d'asile ; habituer les enfants, dès leur plus jeune âge, à la discipline et à l'étude, les disposer à entrer dans les écoles chrétiennes ou mutuelles, c'est préparer pour la société une génération laborieuse et intelligente.

Ces établissements, importés à Paris par madame de Pastoret et par le docteur Cochin, sont arrivés à une perfection qui permet de donner des règles fixes pour leur fondation. Une modification pourrait néanmoins être apportée, à mon avis, à la disposition de la salle d'asile, ce serait, tout en laissant dans la même salle les petites filles et les petits garçons, de les séparer lors de la récréation, tant au préau que dans la cour, et surtout d'avoir des lieux bien séparés. Nous parlerons de ces modifications dans le chapitre III.

Description sommaire.

La salle d'asile (pl. II et III) se compose d'un vestibule, d'un vestiaire, d'une vaste salle d'étude, d'un préau, de galeries, d'une cour, de lieux, et d'un bâtiment d'habitation pour l'institutrice.

Le mobilier comprend des bancs, une estrade, des porte-tableaux, un boulier compteur, un chevalet, un banc de repos, un lit de camp, un poêle, une table pour l'institutrice, des tableaux de lecture, des ardoises et des figures géométriques en relief.

Le personnel comprend une directrice et une sous-directrice, quelquefois deux quand le nombre des enfants est trop grand, et une femme de peine.

Des dames patronesses surveillent l'établissement.

Description détaillée.

La salle proprement dite doit être vaste, bien éclairée et aérée ; elle doit avoir le plus de hauteur possible ; cependant, dans les salles trop hautes, les institutrices ne peuvent pas se faire entendre et ont bientôt la voix cassée. Nous avons donc cherché quelle était la meilleure dimension, et nous avons reconnu par l'expérience que la hauteur ne doit guère varier hors des limites de 4 mètres 30 centimètres à 4 mètres 50 centimètres. Comme dans la crèche, les jours seront placés à une certaine hauteur au-dessus du sol ; la pièce sera parquetée et lambrissée jusqu'à hauteur d'appui. Aux deux extrémités, deux portes donnant accès sous les galeries, disposées de la manière la plus commode pour faciliter les évolutions des enfants. Ces galeries doivent conduire aux lieux et au préau ; elles serviront, en été, à abriter du soleil les enfants qui joueraient dans la cour.

Le préau est une salle aussi vaste à peu près que la salle d'asile proprement dite. Les enfants prennent leurs repas dans le préau, ainsi que les récréations, quand il fait mauvais temps. Cette pièce est indispensable; car, lorsqu'il est nécessaire de renouveler en totalité l'air de la salle d'asile, on abrite les enfants dans cette pièce.

Habitation. — Dans l'emplacement le plus convenable sera disposé le logement de la directrice; dans le plan que nous donnons ici, ce logement comprend une salle, une cuisine, des lieux à rez-de-chaussée, deux chambres au premier, et des caves dans le soubassement.

Les lieux des enfants sont disposés de manière à ce qu'on puisse y accéder par une galerie; ils doivent être ventilés autant que possible au dehors. Ils comprennent des lieux pour les institutrices, d'autres pour les enfants, et des urinoirs. Nous avons donné (pl. XX) le détail d'une de leurs divisions. Ils sont fermés par une porte battante élevée de 20 centimètres au-dessus du sol; cette porte ne doit pas être très-haute; il faut que l'on puisse toujours se rendre compte de la position dans laquelle se trouve l'enfant.

Le dallage est en roche taillée un peu en pente pour faciliter le nettoyage; la lunette est garnie soit d'un pot en faïence, soit d'un pot en grès, soit encore d'une pierre creusée en cône renversé. Au-dessus est placé un siége en bois garni de planches inclinées servant à soutenir les enfants.

Nous indiquerons, à la fin de cet ouvrage, le meilleur système de ventilation.

La portion de terrain que nous avons réservée (pl. III) en dehors du local occupé par la salle d'asile est destinée à renfermer les fosses d'aisances, qui, par ce moyen, se videront en dehors de l'établissement.

Mobilier.

Les bancs des élèves, disposés généralement sur trois rangs, ont $0^m,20$ de hauteur et de largeur; l'espace occupé par chaque enfant peut être évalué à $0^m,30$, ce qui fait que sur un banc de 3 mètres de long il peut tenir dix enfants.

Les porte-tableaux (pl. XIX) sont placés en avant des bancs et espacés entre eux de 1ᵐ,50. Au pourtour est tracée une circonférence de 1 mètre de diamètre, servant à indiquer la place que doivent occuper les enfants rangés autour du moniteur. Au bas du porte-tableau se trouve un petit siége pour le moniteur.

L'estrade, dont nous avons donné une coupe vue en perspective, pl. XIX, est placée à une des extrémités de la salle ; c'est une espèce d'amphithéâtre qui sert aux enfants pour les exercices et surtout pour l'instruction au tableau. Le dessous de l'estrade sert de réduit ou de bûcher.

Au pied de l'estrade se trouve le chevalet (pl. XIX) qui sert à placer les tableaux de musique, et en parallèle le boulier compteur pour les exercices mathématiques. Dans l'endroit le plus commode pour ne pas gêner la circulation se trouve un lit de camp (pl. XX) ; il est ordinairement en bois avec des rebords au pourtour ; il est à une ou deux pentes, suivant que l'on veut l'adosser à un mur ou le mettre au milieu de la salle. Je pense que, dans le cas où l'on voudrait l'avoir à deux pentes, il vaudrait mieux qu'il fût en deux parties, de manière à ce qu'on pût l'adosser au besoin. C'est avec un sentiment de peine que j'ai vu placer sur les planches du lit de camp les enfants qui se laissaient aller au sommeil pendant la classe soit par fatigue, soit par malaise. Je proposerais, comme amélioration, de faire le lit de camp en fer rond avec des roulettes aux pieds pour pouvoir le changer de place à volonté ; il serait garni de toiles retenues par des cordes passées dans des pitons tenant aux barreaux de fer. La courbure que prend la toile sous la pression du corps suffirait pour retenir l'enfant.

Les fauteuils à bras servent à suppléer les lits de camp ; on place dedans les enfants trop faibles encore pour se soutenir sur les bancs ordinaires, ou ceux qui sont indisposés.

Au milieu de la salle se trouvent le poêle et la table de la directrice.

Dans le préau sont disposés des bancs comme ceux de la salle d'asile, pour faire prendre les repas aux enfants et pour les faire jouer ; au-dessus de ces bancs, il doit y avoir, à défaut de vestiaire, un cours de tablettes pour déposer les paniers, et des crochets pour attacher les vêtements des enfants. Un poêle servira à échauffer le préau. A l'extrémité du préau se trouve une fontaine.

Nous ne terminerons pas cet article sans dire avec quel plaisir nous avons vu des enfants de deux à cinq ans faire avec le plus grand ordre leurs petites évolutions; nous avons été bien surpris de les voir, si jeunes encore, répondre avec intelligence aux questions que l'on pouvait leur poser sur le catéchisme, la grammaire, le calcul et la musique : déjà ils chantent en mesure et avec une précision digne de tous nos éloges.

Nous n'avons pas assez de louanges pour les directrices qui se livrent, avec tant de patience et de courage, à l'éducation de l'enfance; notre admiration pour elles ne peut se peindre que par un mot : ce sont de vraies sœurs de charité.

Cet ouvrage ne serait pas complet, si l'on n'y ajoutait la manière de diriger les salles d'asile, ce qui sort de notre domaine; aussi renvoyons-nous le lecteur à la brochure de mademoiselle Carpentier, intitulée *Conseils sur la direction des salles d'asile*, ouvrage couronné par l'Académie; à Paris, chez Hachette.

Le *Manuel des salles d'asile* de madame Cochin, les *Chants des salles d'asile* par madame Chevreau-Lemercier, *Essai sur l'inspection des salles d'asile* du même auteur, les *Considérations sur les salles d'asile* par M. Depasse, ainsi que le *Guide des salles d'asile* par M. J. de la Perelle, sont des ouvrages très-utiles à consulter et même à étudier.

CHAPITRE III.

CRÈCHE ET SALLE D'ASILE.

Nous avons dit, dans le chapitre Ier, qu'une grande économie pouvait résulter de la réunion de la crèche et de la salle d'asile; disons, en passant, que cette disposition éviterait un nouveau déplacement aux mères qui auraient en même temps des enfants à la crèche et à la salle d'asile. Nous donnons (pl. V, VI, VII et VIII) les plans, coupes et élévations d'une

crèche et d'une salle d'asile réunies. Au rez-de-chaussée se trouve la
salle d'asile, au premier la crèche. Nous n'occupons pas une plus grande
superficie de terrain que dans le plan d'une salle d'asile isolée donné
précédemment.

Le rez-de-chaussée se compose d'un vestibule commun ; à gauche l'escalier de la crèche, à droite un vestiaire, en face la salle d'asile. Au
fond deux petites cours, dont l'une est destinée aux filles et l'autre aux
garçons; dans chacune d'elles je placerais des lieux, qui, ainsi disposés,
pourraient être surveillés par la directrice de tous les points de la salle.

Semblablement disposés sont deux préaux et deux cours de récréation.

Au-dessus de l'estrade se trouve ménagé un petit oratoire fermé par
des rideaux et que l'on découvre au moment de la prière.

Au-dessus de la salle d'asile se trouve la crèche ; l'on y accède par l'escalier qui conduit au vestibule. En face se trouve la salle d'allaitement
pour les mères qui nourrissent leurs enfants ; à gauche de la porte d'entrée, la crèche proprement dite, et au fond, en face de la porte d'entrée,
un petit Avé Maria devant lequel, soir et matin, l'enfant bégaye les premières prières, en même temps que les noms de son père et de sa
mère.

A droite le lavabo, salle pour la toilette des enfants ; au fond la cuisine, dont le fourneau sera disposé de manière à fournir, par un robinet,
de l'eau chaude dans le lavabo.

A gauche le vestiaire, les lieux, puis la buanderie et le séchoir.

Au devant de ces deux ailes de bâtiment se trouve un petit balcon
pour faire jouer les enfants les jours de beau temps.

A gauche et à droite de la façade se trouvent les logements des directrices des deux établissements. Ils se composent de caves dans l'étage
inférieur, d'une entrée, d'une salle, d'une cuisine, d'une buanderie (1),
de lieux à rez-de-chaussée, et, au premier, de deux chambres avec cabinets.

On peut se rendre compte, par la description que nous venons de

(1) L'auteur se sert du mot *buanderie*, pour remplacer celui qui est vulgairement usité (laverie),
mais qui n'est pas français.

faire de ces deux établissements réunis, que non-seulement il y a économie, mais encore que chacun d'eux est beaucoup plus complet et renferme, je crois, tout ce qui peut concourir à faire adopter ces dispositions comme établies dans les meilleures données possibles.

CHAPITRE IV.

CRÈCHE ET BUREAU DE BIENFAISANCE (1).

Puisque nous avons parlé du bureau de bienfaisance comme d'un établissement pouvant comprendre une crèche, nous allons, avant de donner le détail des plans qui s'y rapportent, exposer sommairement ce qu'est un bureau de bienfaisance. Nous n'entrerons pas dans de grands détails, parce qu'il y a d'excellentes brochures faites sur ce sujet. Du reste, nous en avons recueilli un assez grand nombre, nous les avons étudiées, et nous donnerons à la fin de ce chapitre, en forme de revue bibliographique, les titres et l'analyse de celles que nous connaissons.

Dans les villes où la mendicité est interdite, les aumônes des personnes charitables sont reçues dans une caisse de la mairie et sont perçues par le caissier quand on les lui envoie, ou par des personnes qui veulent bien se charger de quêter à domicile. La ville ou l'administration des hospices allouent aussi des fonds à cette caisse.

Pour distribuer ces fonds le plus équitablement possible, un comité nommé bureau de bienfaisance est formé sous la présidence du maire ou de ses adjoints. Le bureau se compose des administrateurs, qui délibèrent, avec les maires, sur le meilleur emploi des fonds; ils ont pour mission de présenter et de faire admettre les pauvres dans le bureau. MM. les curés et desservants font aussi partie de ce comité.

(1) Depuis 1830 les bureaux de charité ont pris le nom de bureaux de bienfaisance. Nous ferons observer encore que nous avons confondu le nom de la maison de secours avec celui de bureau de bienfaisance qui est plus généralement connu en province.

Sous la direction des administrateurs se trouvent les commissaires, qui, deux fois par mois, visitent les pauvres à domicile, s'enquièrent de leurs besoins, leur distribuent des bons de pain, de viande, de bouillon et de bois, quelquefois des bons d'argent ; ils cherchent à leur procurer du travail en conformité avec leur état, et l'expérience a démontré que c'est le moyen le plus efficace de tarir les sources de la misère ; ils font un rapport à l'administrateur sur les plus nécessiteux. L'administrateur distribue aux malades, sur la demande du commissaire, des bons de draps, de chemises et de vêtements. Un ou plusieurs médecins attachés au bureau de charité visitent les malades, font les ordonnances et recommandent plus particulièrement à l'administration ceux des indigents chez lesquels la maladie vient encore augmenter la somme des maux que leur fait supporter la misère.

Le bureau de charité ne reçoit ordinairement que les familles nombreuses ou privées de leur chef, les infirmes et les vieillards.

Si l'esprit de charité doit présider à la fondation des établissements de bienfaisance, l'intérêt des villes ne doit pas y être étranger ; car, en soignant à domicile les pauvres infirmes, en secourant les filles devenues mères, l'administration voit arriver moins de malades et moins d'enfants trouvés dans ses hôpitaux. Les personnes chargées de la difficile mission d'administrer les villes savent que, de tous les moyens de secourir les pauvres, les hospices sont de ceux qui grèvent le plus les caisses municipales.

Pour préparer les remèdes et les distribuer, ainsi que la viande, le bouillon, le linge et le bois, il faut un bureau de bienfaisance. Il est administré par des sœurs qui préparent les médicaments et les aliments, et qui les délivrent aux indigents sur la présentation des bons déposés à domicile par les commissaires de ces établissements.

Dire combien de secours de toute nature distribués par elles aux malheureux, combien de consolations prodiguées, cela est impossible ; mais vous savez combien le peuple les vénère, combien chacun de nous les estime et les entoure de considération.

Nous donnons, pl. IX, le plan du bureau de bienfaisance. En entrant, on trouve le vestibule servant de pièce d'attente pour les pauvres ; au fond, un guichet pour la distribution ; à droite, la cuisine ; à gauche, la pharmacie, communiquant avec le dépôt renfermant tous les accessoires de la pharmacie, ainsi que la lingerie, où sont déposés les draps et vêtements destinés aux pauvres.

De chaque côté de ce vestibule sont des galeries ; l'une conduisant au bureau dans lequel l'administrateur entend, une fois par semaine, les réclamations des pauvres, l'autre donnant accès à l'escalier de la crèche. Dans le bâtiment en aile à droite, un dépôt pour la cuisine, une salle à manger pour les sœurs avec l'office à côté ; au fond l'ouvroir, salle dans laquelle les sœurs se réunissent pour travailler. Dans le bâtiment en aile de gauche se trouvent la buanderie, les lieux, un bûcher et un escalier communiquant de la buanderie au séchoir.

Entre ces divers corps de bâtiment, une grande cour ; au milieu, au fond, un petit jardin en forme de terrasse, pour faire jouer les enfants de la crèche ; cette terrasse est décorée d'un Avé Maria. A droite le jardin des sœurs, à gauche une cour de service.

Le terrain renfermant la cour de service, la terrasse et le jardin, sans être indispensable, peut devenir quelquefois très-utile, si l'on veut faire de nouvelles constructions pour une salle d'asile ou un ouvroir par exemple.

On pourrait y construire encore un ouvroir dans lequel l'on recevrait les jeunes orphelines ; à rez-de-chaussée se trouveraient le réfectoire et la classe, au premier le dortoir.

Les enfants que l'on recueille dans ces sortes d'établissements sont souvent arrachés aux vices qu'engendrent la misère et le délaissement. Là on les instruit, et leur travail suffit parfois pour subvenir à leur entretien. Lorsque les jeunes filles ont atteint l'âge où elles peuvent se suffire à elles-mêmes, les sœurs leur donnent un trousseau auquel elles ajoutent un petit pécule, et les placent comme domestiques ou comme demoiselles de magasin selon leur aptitude, ou bien encore les marient à des ouvriers laborieux et intelligents.

Le premier étage, pl. X, comprend une entrée, un vestiaire, la crèche, la salle des mères nourrices, un dépôt, le lavabo, des lieux, le séchoir, et l'escalier communiquant du lavabo et du séchoir à la buanderie.

La description que nous avons donnée dans le chapitre I⁰ⁱ nous dispense d'entrer dans de plus amples détails.

Dans l'aile à droite se trouvent le dortoir des sœurs et le cabinet de toilette.

Nous donnons, pl. XI, la façade et la coupe de l'établissement.

Une brochure publiée en 1830 chez madame Huzard forme le complément indispensable de cet aperçu sur les bureaux de bienfaisance ; elle a pour titre, *Manuel des commissaires et dames de charité.*

Du paupérisme et des secours publics dans Paris par M. Vée,

Compte moral et administratif par M. Dubail, adjoint au maire du 5ᵉ arrondissement,

Annales de la charité, 28, rue Cassette,

Sont des ouvrages très-utiles à étudier. Depuis vingt ans la bienfaisance a fait de rapides progrès, que les auteurs de ces ouvrages constatent, encouragent et dirigent.

Il est d'autres ouvrages qui n'ont pas cette utilité pratique, mais qui nous feraient défaut, s'ils n'existaient pas. Tels sont :

Les lettres à une dame sur la charité. Dans cet ouvrage, M. Dufau présente un tableau complet des associations et des établissements destinés à soulager les classes pauvres.

Code de l'administration charitable, par le baron DE WATEVILLE.

Essai statistique sur les établissements de bienfaisance.

Ces deux ouvrages sont plus particulièrement utiles aux administrateurs.

Un grand nombre d'autres ouvrages ont été composés sur le même sujet ; il nous suffira de citer, entre tant d'autres, les noms de MM. PESTALOZZI, DE LA MOTTE, BENJAMIN DELESSERT, baron DE GERANDO.

CHAPITRE V.

CRÈCHE ET OUVROIR.

Les enfants, comme on le sait, à l'âge de cinq ou six ans, entrent de la salle d'asile dans les écoles communales. Mais, à l'âge de onze à douze ans, que deviennent les jeunes filles, celles surtout qui ont perdu leurs parents, et les enfants qui, à cet âge, n'ont reçu aucune espèce d'instruction? L'ouvroir leur ouvre ses portes, et elles reçoivent, dans cet établissement, une éducation en rapport avec les occupations auxquelles elles doivent se livrer un jour.

L'instruction comprend la lecture, l'écriture, des éléments de l'arithmétique et le catéchisme. Les travaux sont toujours bornés à la lingerie; l'on pourrait, ce me semble, y ajouter la broderie et la dentelle, industries assez prospères aujourd'hui.

Nous donnons, pl. XII, le plan du rez-de-chaussée. On entre sous un préau pour les récréations; en face l'ouvroir, avec son vestibule à droite servant de vestiaire et de dépôt des paniers; à côté les lieux, ventilés par deux petites cours; en face, sous l'escalier, le dépôt des ouvrages de lingerie.

A gauche le vestibule de la crèche, l'escalier, la buanderie, le séchoir et le bûcher; à droite l'habitation de la directrice de la crèche, comprenant, à rez-de-chaussée, la cuisine, des lieux, la salle et l'escalier conduisant au premier.

1er *étage*, pl. XIII. — On accède, par l'escalier, à la crèche; on entre d'abord dans le vestibule contenant le vestiaire; l'ouvroir ayant besoin d'être beaucoup plus haut que les constructions en aile, il arrive que le plancher de la crèche n'est pas de niveau avec celui des pièces accessoires, aussi le vestibule contient-il un escalier rachetant ce hors de niveau.

La crèche, disposée comme celles précédemment décrites, communique aux lieux par une petite entrée qui est, comme les lieux, ventilée sur les petites cours. Le vestibule conduit encore au lavabo, qui communique à la buanderie par une trappe servant à descendre le linge sale. Au fond la cuisine, et sur le devant la terrasse pour faire prendre l'air aux enfants de la crèche. Dans le bâtiment en aile à droite se trouve l'appartement de la directrice.

APPENDICE.

DE L'ASSAINISSEMENT.

Une partie de ce chapitre est tirée d'une brochure intitulée, *Instruction sur l'assainissement des écoles primaires,* par M. PÉCLET.

Il est un principe de physique auquel l'on doit toujours se reporter lorsque l'on fait des études sur la distribution de l'air soit froid, soit échauffé pour l'assainissement des établissements publics, à savoir que l'air chaud est beaucoup plus léger que l'air froid.

Partant de ce principe, pour échauffer et ventiler une pièce en hiver sans recourir à des calorifères dispendieux, nous nous bornerons à placer un poêle à double enveloppe dans le milieu de la pièce. La première contiendra le combustible, la seconde servira à conduire, dans la partie supérieure du poêle, l'air introduit de l'extérieur par un conduit que nous désignerons sous le nom de *conduit d'air froid.*

L'air arrivant par ce conduit sera dilaté entre les deux enveloppes et montera en s'échauffant au contact de l'enveloppe contenant le combustible pour sortir par la partie supérieure de l'appareil et se répandre dans la pièce en montant vers le plafond.

Pour obtenir la ventilation, nous devons retirer une quantité d'air égale à celle qui est introduite. Où la prendrons-nous? Sera-ce, comme on le pratique quelquefois dans la partie supérieure, en faisant sortir l'air par une cheminée ou ventouse pratiquée dans le plafond? L'air, étant échauffé et, par conséquent, plus léger, tendra, comme on le sait, à monter et sortira facilement. Ce système est employé depuis longtemps; mais il a l'inconvénient d'enlever de l'air qui n'est pas encore saturé des miasmes répandus dans la pièce, et il y laisse l'acide carbonique, qui, par sa pesanteur, séjourne dans la partie inférieure des appartements.

Pour remédier à cet inconvénient, **M.** Duvoir a imaginé un appareil pour lequel il a pris un brevet, et qui consiste à fermer hermétiquement la porte de l'appareil de chauffage par laquelle on introduit le combustible, ainsi que celle du cendrier. Pour remplacer la cheminée de ventilation, il fait arriver sous le cendrier des conduits sortant de divers points de la salle au niveau du plancher ; le tirage , excité par le combustible incandescent, suffit pour soutirer l'air en quantité égale à celui qui est introduit par le conduit d'air froid , à cette seule condition que les tuyaux d'arrivée et de sortie aient une égale surface de section , l'air introduit par les fissures des portes compensant, du reste , la différence de tirage.

Ce système, que je crois préférable au premier, a encore l'avantage de faire parcourir à l'air deux fois la hauteur de la salle ; il monte d'abord , parce qu'il a une grande puissance ascensionnelle ; il échauffe les différentes couches d'air ambiant, et redescend pour être enlevé par les conduits de ventilation, en se saturant ainsi, dans sa course tant ascendante que descendante , de tous les gaz qui vicient l'air de l'appartement.

En été , l'air à introduire dans les appartements doit avoir pour effet de les rafraîchir, ce que l'on obtiendrait facilement en laissant les croisées ouvertes, mais ce mode de ventilation a de graves inconvénients : quelquefois la température extérieure est trop froide ; d'autres fois la pluie , le vent et le soleil peuvent s'opposer à leur ouverture. Aussi aurons-nous encore recours aux cheminées ou ventouses ; nous en placerons deux aux extrémités de la pièce à ventiler, une arrivant au ras du plafond servira à introduire l'air froid tendant à descendre d'après le principe que nous avons posé en commençant, et nous placerons la cheminée d'appel ou de ventilation à 1 mètre 50 centimètres au-dessus du sol. Quand nous voudrons établir un courant rapide, nous placerons dans cette dernière une lampe dont la chaleur dilatera l'air et le forcera à prendre une course ascensionnelle.

Nous pensons que , si l'on se conforme aux prescriptions ci-dessus énoncées, en donnant pour les différentes salles que nous avons dessinées

0^m,50 de section aux tuyaux, on obtiendra une ventilation suffisante pour entretenir un air sain dans les appartements.

Malgré cette ventilation, il pourrait subsister encore dans les salles une cause d'insalubrité, si les bâtiments n'avaient pas été construits avec le plus grand soin; je veux parler de l'humidité. Cependant il est toujours facile de l'éviter. On peut, en construisant les murs, placer sur les fondations, avant de les élever, une couche d'asphalte ou du plomb en table; ces matières, par leur densité, s'opposent à l'ascension capillaire qui se produit ordinairement dans la pierre. Avant de poser les parquets, on peut aussi mettre sur le sol une couche d'asphalte, ou, ce qui vaudrait mieux, poser le parquet sur l'asphalte lui-même. On peut encore poser les lambourdes sur des petits murs de 0^m,60 de hauteur, espacés de 1^m,50; on pratique, dans ces murs, des ouvertures pour laisser à l'air une libre circulation; puis l'on perce, dans les murs de la pièce, des trous de ventouses servant à introduire l'air que l'on soutire par une cheminée disposée pour recevoir de temps en temps une lampe, comme ci-contre, page 27.

Souvent il ne s'agit pas de prévoir les effets de l'humidité, mais seulement de les détruire lorsqu'ils se manifestent. Pour cela je conseillerais l'emploi du zinc n° 10, que l'on clouera sur les murs à la surface desquels l'humidité se produit. Nous avons souvent employé ce procédé avec avantage, car il est efficace et peu dispendieux.

Le mètre superficiel de zinc n° 10 pèse 1 kilog. 75; le zinc coûte actuellement 53 fr. les 100 kilog., ce qui remet le mètre superficiel à 93 centimes, prix d'achat. La façon pour la pose de ce zinc est minime; on pourra recouvrir les joints des feuilles par des moulures formant panneaux de menuiserie.

Nous recommanderons d'avoir le soin d'employer des clous galvanisés pour fixer le zinc; car l'humidité finirait bientôt par faire rouiller des clous ordinaires, et les feuilles se détacheraient du mur.

Ventilation des lieux.

Il importe surtout de ventiler convenablement les lieux d'aisances.

Le plus souvent on se contente , pour faire disparaître les miasmes , de tenir ouvertes les fenêtres des pièces où sont placés les lieux; mais cette précaution ne peut suffire, car les émanations se renouvellent continuellement et vicient l'air à mesure qu'il est révivifié : en hiver, d'ailleurs, le froid empêche de procéder de la sorte. Ce n'est pas dans la pièce elle-même, mais bien dans la fosse qu'il faut renouveler l'air : à cet effet, on dispose à ses deux extrémités, dans la partie la plus élevée de l'intrados de la voûte , deux tuyaux en poterie de $0^m,22$ de diamètre et montant au-dessus des toits ; l'un sert à introduire l'air, l'autre à l'en faire sortir. Ce dernier doit avoir son orifice plus élevé de 1 mètre que le premier. On pratiquera dans ce tuyau, à son passage dans l'appartement des lieux, une petite ouverture fermée par une porte en tôle galvanisée ; on introduira par cette porte dans le tuyau soit une petite lampe , soit même une veilleuse qu'il suffira d'allumer une fois par jour pendant une heure , pour établir dans la fosse un courant d'air rapide qui enlèvera tous les miasmes qui pourraient se répandre dans la pièce.

Comme c'est toujours pendant les chaleurs que la ventilation doit être le plus active , on pourrait , pendant l'été , surmonter le tuyau d'évent d'un tube en zinc de 2 mètres de hauteur, qui , en s'échauffant aux rayons du soleil, activerait la circulation de l'air.

On pourrait également jeter, dans les lieux, du chlorure de fer, dont les propriétés désinfectantes sont maintenant démontrées par l'expérience.

CONCLUSIONS.

Nous avons exposé aussi clairement que possible le résultat de nos études sur les établissements de bienfaisance ; nous les avons décrits avec détail en annexant à notre ouvrage des planches composées et gravées par nous-même. D'autres, nous l'avons dit, ont avant nous porté leur attention sur ces monuments aussi utiles que moralisateurs pour les classes indigentes ; mais aucun des ouvrages que nous avons consultés ne traitait ces établissements d'une manière spéciale, ni surtout au point de vue pratique. C'est cette lacune que nous avons voulu combler. Nous croyons ne pas avoir dit tout ce qu'on pouvait dire, avoir indiqué tout ce qu'on pouvait faire ou qui pourrait être tenté par la suite. Si ce petit livre contient quelques données utiles, s'il peut suggérer aux administrateurs quelque idée nouvelle, s'il doit contribuer à la création ou à l'amélioration d'un seul établissement de charité, s'il excite certaines villes à utiliser ceux qui, construits depuis longtemps déjà, restent sans destination, nous aurons atteint le but que nous nous étions proposé.

PARIS. — IMPRIMERIE DE Mᵐᵉ Vᵉ BOUCHARD-HUZARD, RUE DE L'ÉPERON, 5.

Pl. I.

CRÈCHE

1er Etage.

Palier	Berceaux
Lavabo	Pouponière — Lits de Repos — Bureau
Lieux	Berceaux

Terrasse.

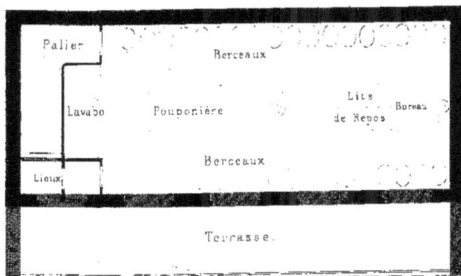

Rez-de-Chaussée.

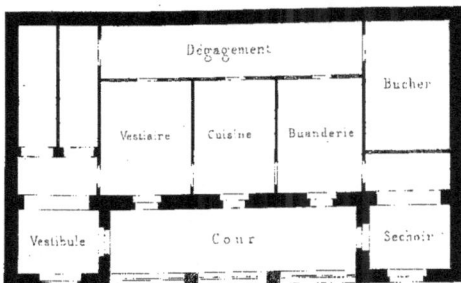

Dégagement

Bucher

Vestiaire — Cuisine — Buanderie

Vestibule — Cour — Sechoir

Pl. II

CRÈCHE.

Coupe.

Façade.

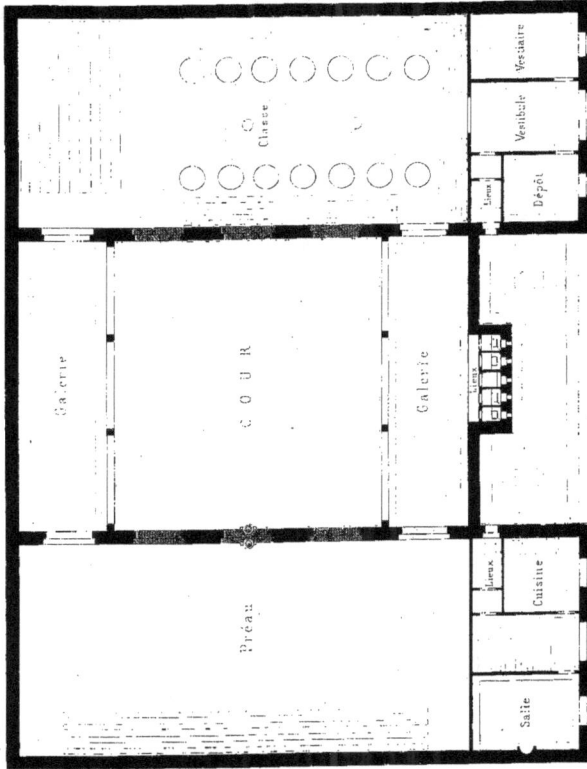

SALLE D'ASILE

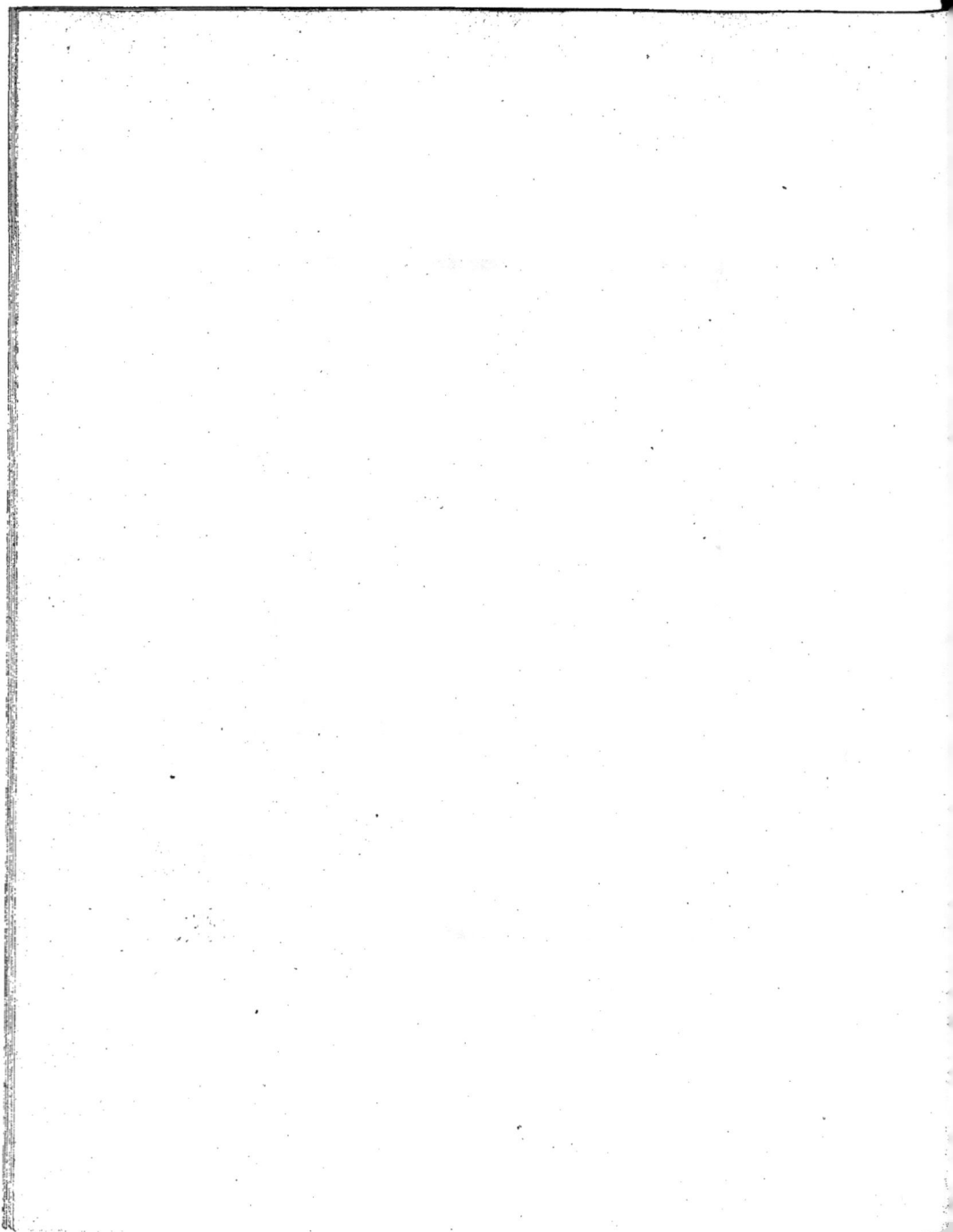

Pl. IV.

SALLE D'ASILE.

Coupe transversale.

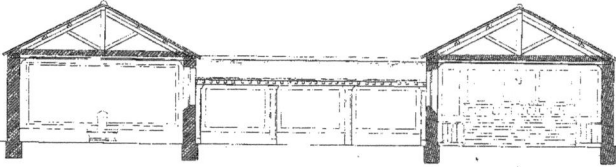

Façade principale.

CRÈCHE ET SALLE D'ASILE.

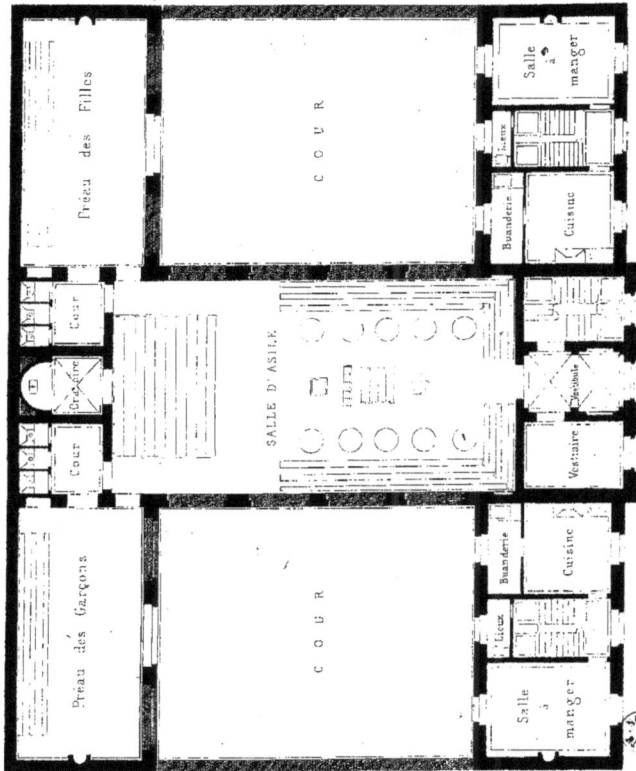

Préau des Filles

Préau des Garçons

COUR

COUR

SALLE D'ASILE

Cour

Cour

Cour

Oratoire

Salle à manger

Buanderie

Cuisine

Buanderie

Cuisine

Salle à manger

Vestiaire

Lieux

Vestibule

Lith. Houze del. et sculp.

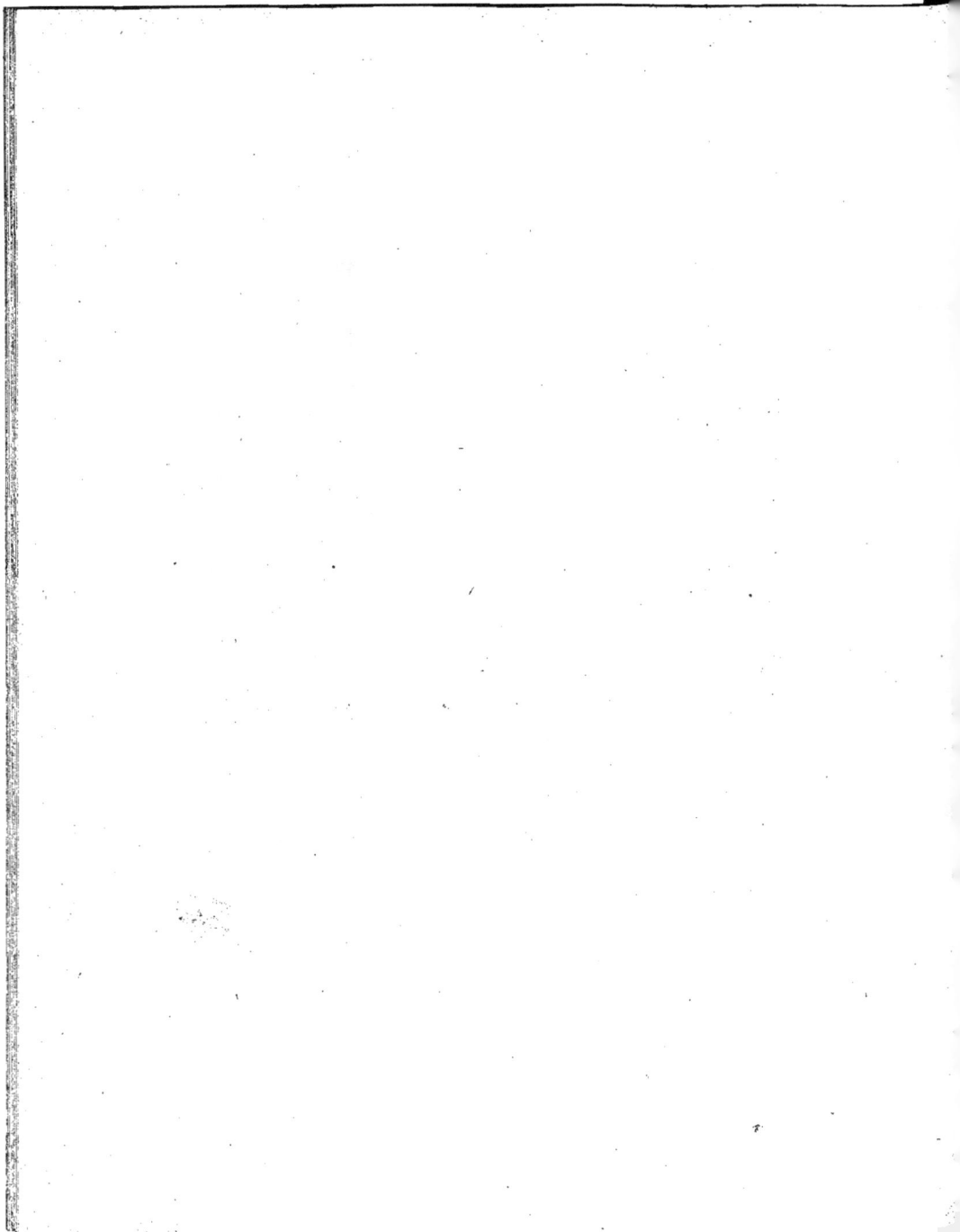

Pl. V.

CRÈCHE et SALLE D'ASILE.

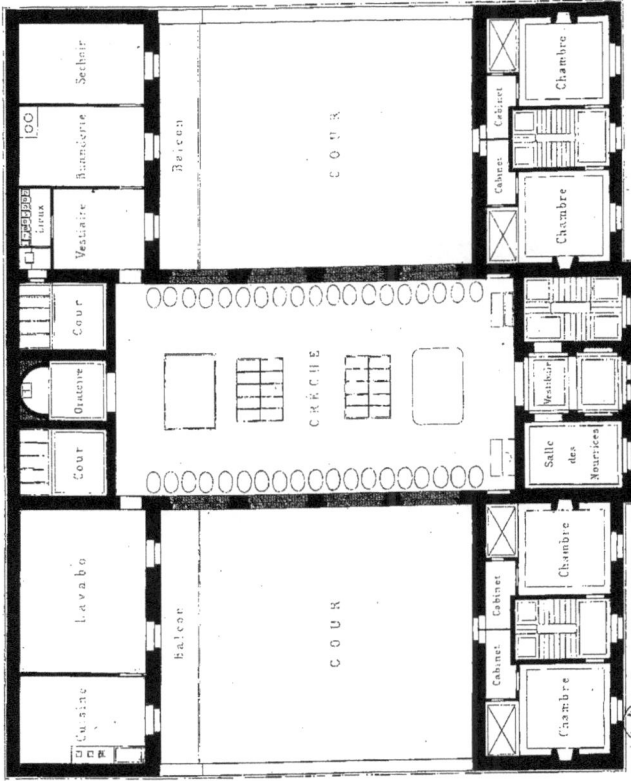

Cuisine

Lavabo

Balcon

COUR

Cabinet | Cabinet

Chambre

Chambre

Cour

Cour

Oratoire

CRÈCHE

Vestiaire

Salle des Nourrices

Vestiaire

Blanchisserie

Séchoir

Lieux

Balcon

COUR

Cabinet | Cabinet

Chambre

Chambre

L. Fouzé del. et sculp.

Pl VII

CRÈCHE ET SALLE D'ASILE.

Façade principale.

L. Homar del et sculp.

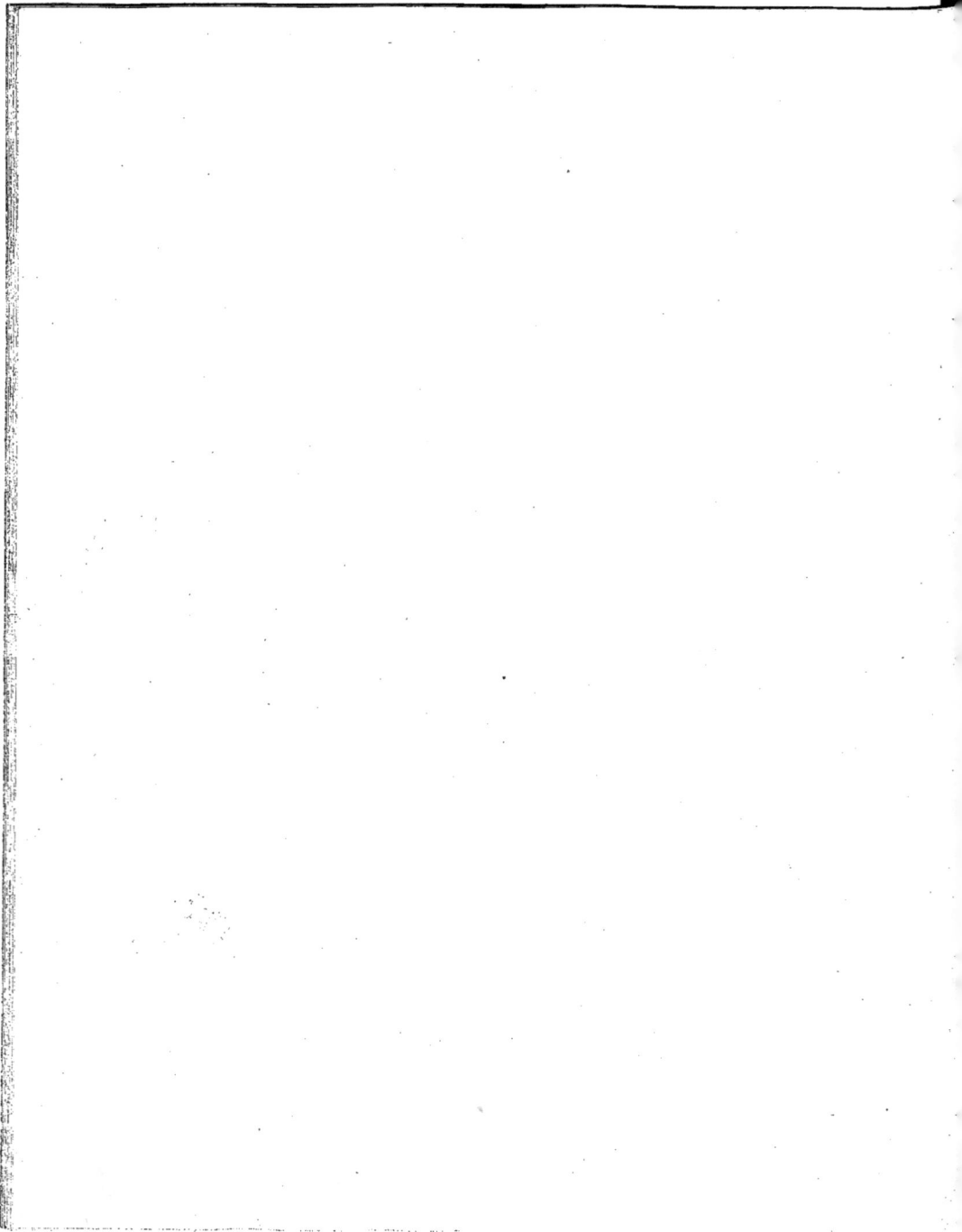

Pl. VIII.

CRÈCHE et SALLE D'ASILE

Coupe transversale.

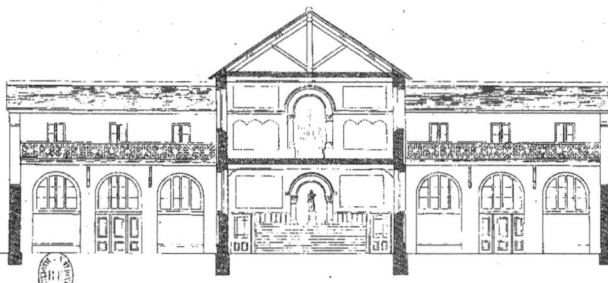

Pl. IX.

CRÈCHE ET Bᴬᵘ DE BIENFAISANCE.

Rez-de-Chaussée

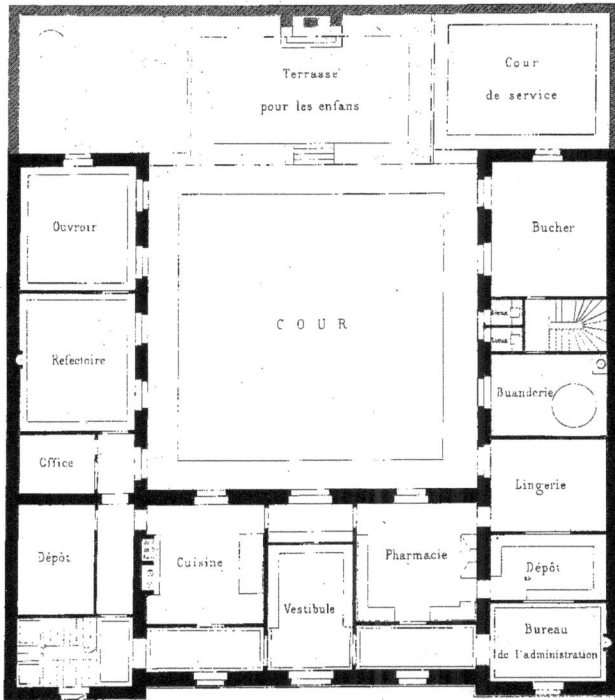

Terrasse
pour les enfans

Cour
de service

Ouvroir

Bucher

Refectoire

COUR

Buanderie

Office

Lingerie

Dépôt

Cuisine

Pharmacie

Dépôt

Vestibule

Bureau
de l'administration

L. Houzé del. et sculp.

Pl. X.

CRÉCHE ET Bᵃᵘ DE BIENFAISANCE.

1ᵉʳ Etage

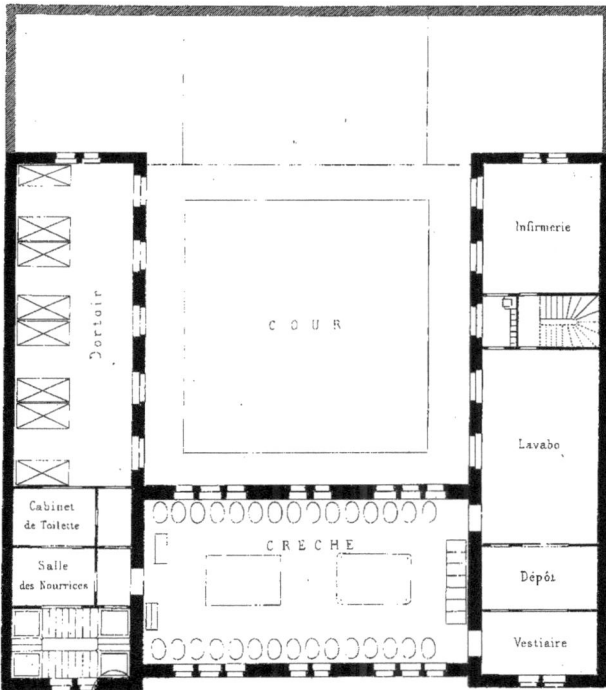

Dortoir

COUR

Cabinet de Toilette

Salle des Nourrices

CRÉCHE

Infirmerie

Lavabo

Dépôt

Vestiaire

10 Mètres.

Pl. XI.

CRÈCHE ET BUREAU DE BIENFAISANCE.

Coupe transversale.

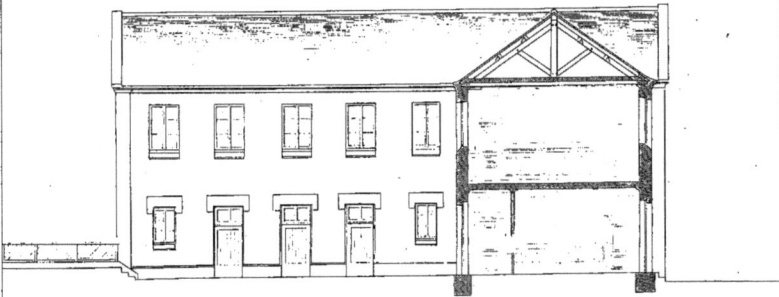

Façade.

L. Henri del. et sculp.

Pl. XII.

CRÈCHE ET OUVROIR.

Rez-de-Chaussée.

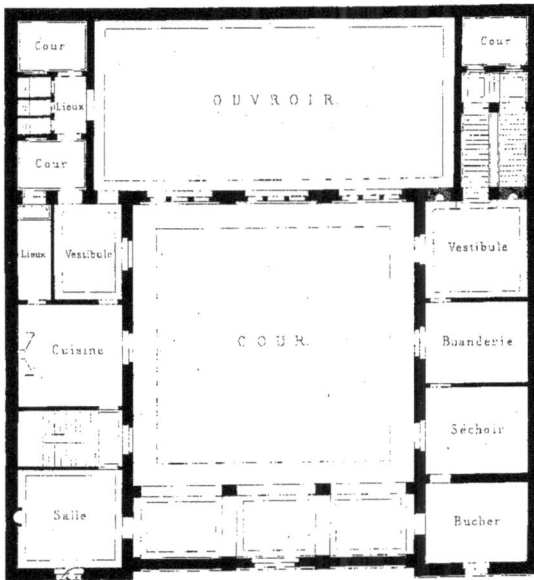

Cour

OUVROIR.

Cour

Lieux

Cour

Lieux Vestibule

Vestibule

Cuisine

COUR.

Buanderie

Séchoir

Salle

Bucher

Pl. XIII.

CRÈCHE et OUVROIR.

1er Étage.

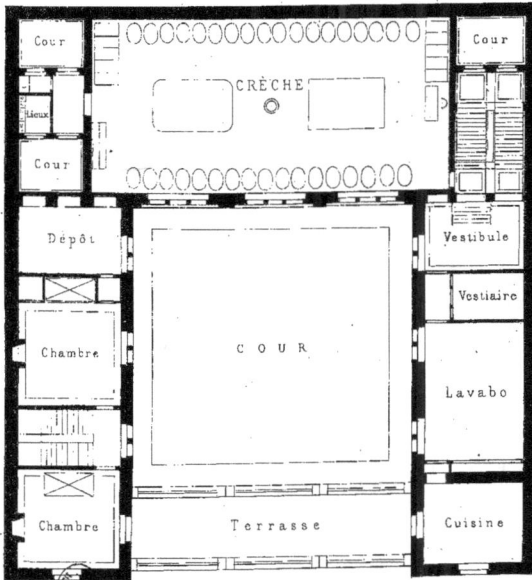

Cour

Cour

Lieux

Cour

CRÈCHE

Dépôt

Vestibule

Chambre

Vestiaire

COUR

Lavabo

Chambre

Terrasse

Cuisine

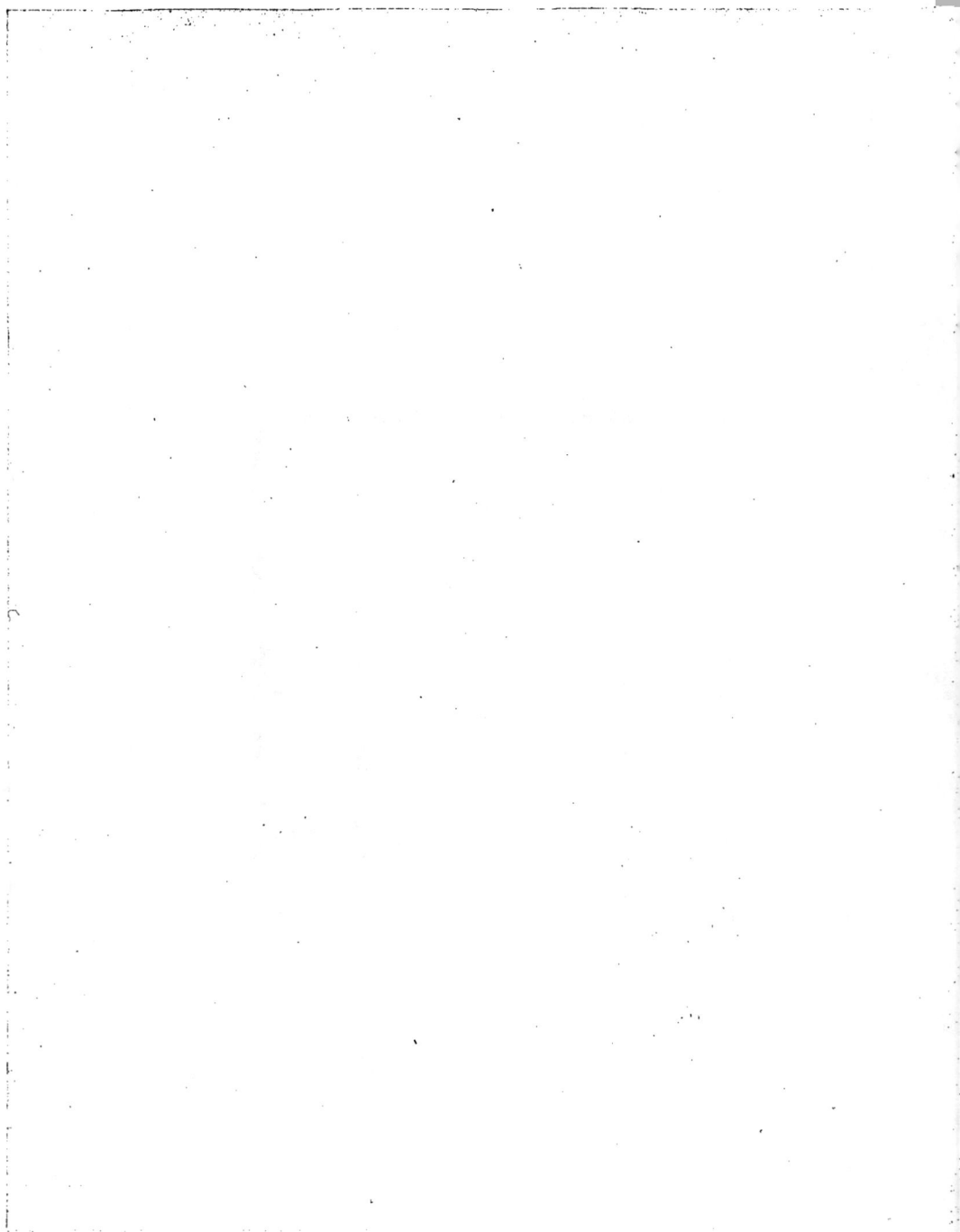

Pl. XIV.

CRÈCHE et OUVROIR.

Coupe transversale.

Façade.

L. Housé del et sculp.

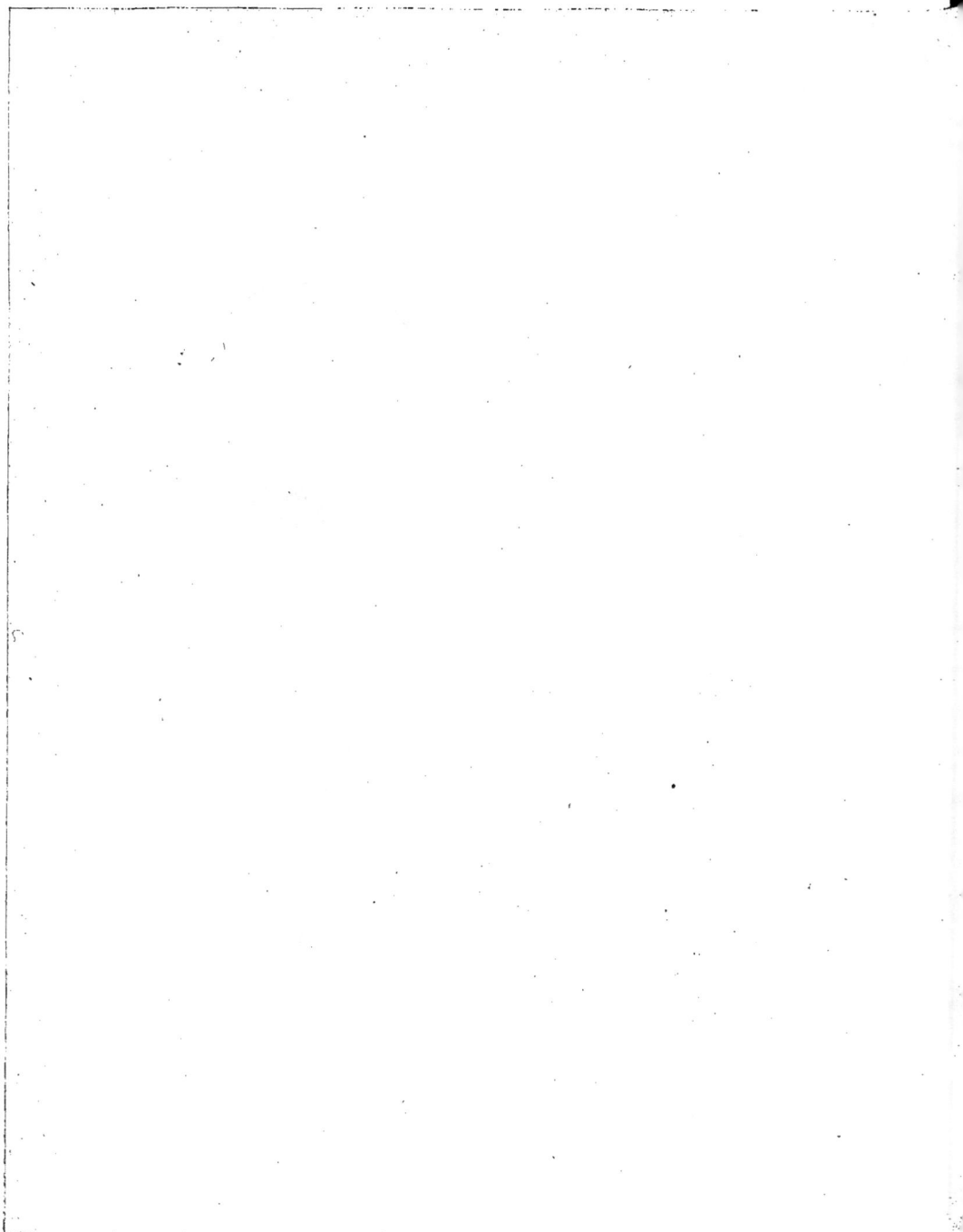

Pl. XV.

CRÈCHE.

Coupe du Parc sur A B.

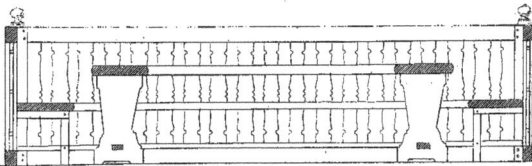

Moitié du plan du Parc.

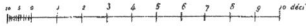

A .... B

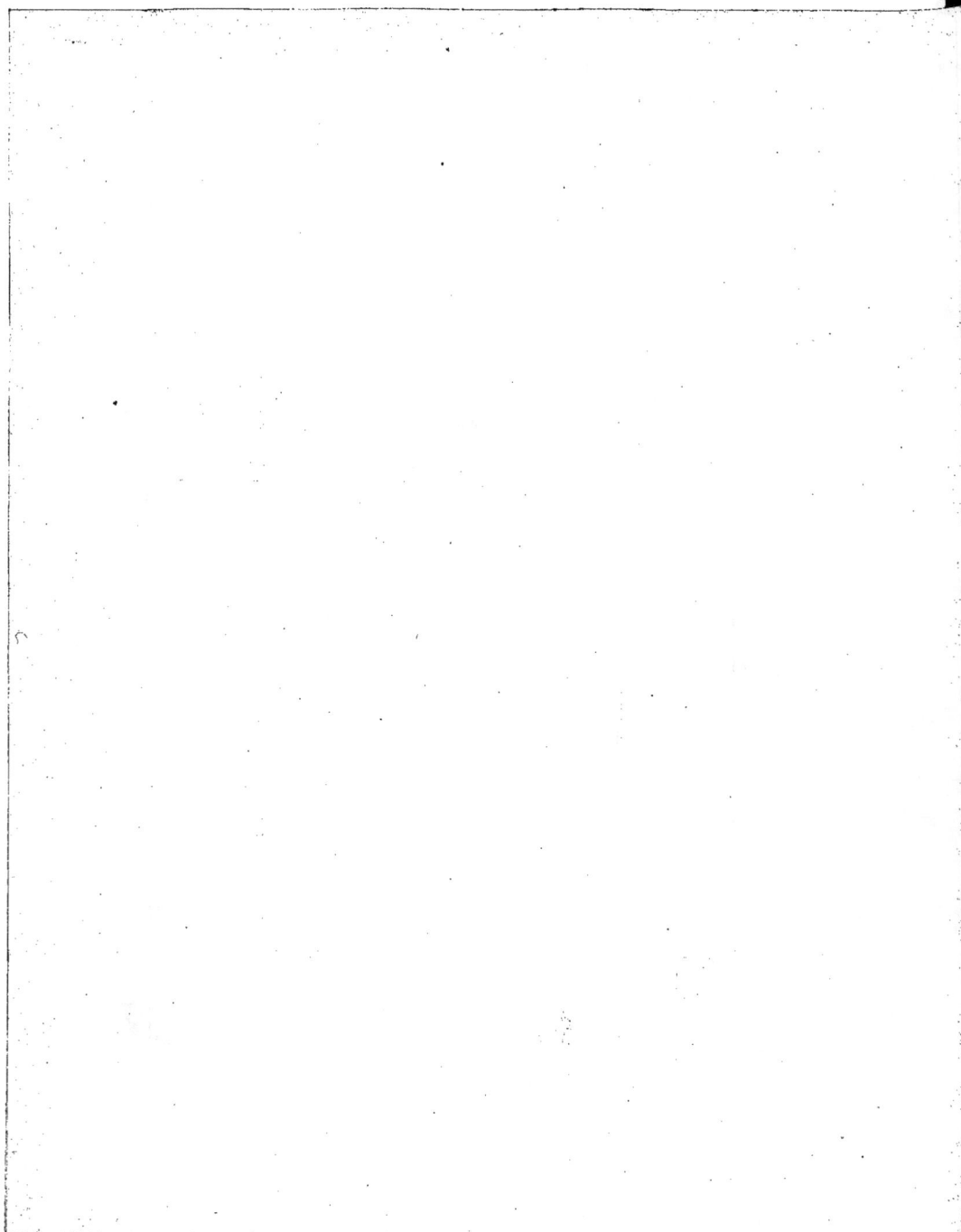

Pl. XVI.

CRÈCHE.

Lavabo. · Bercelonette

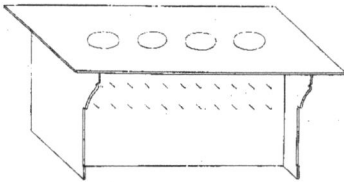

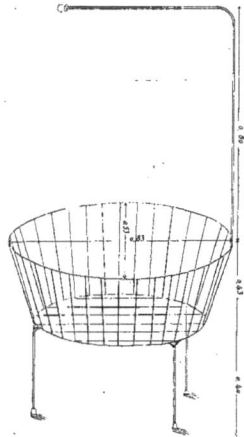

Siège
d'aisance.

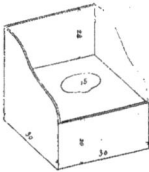

Lits de repos

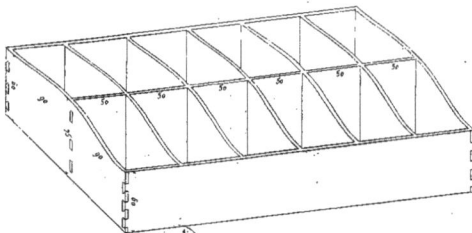

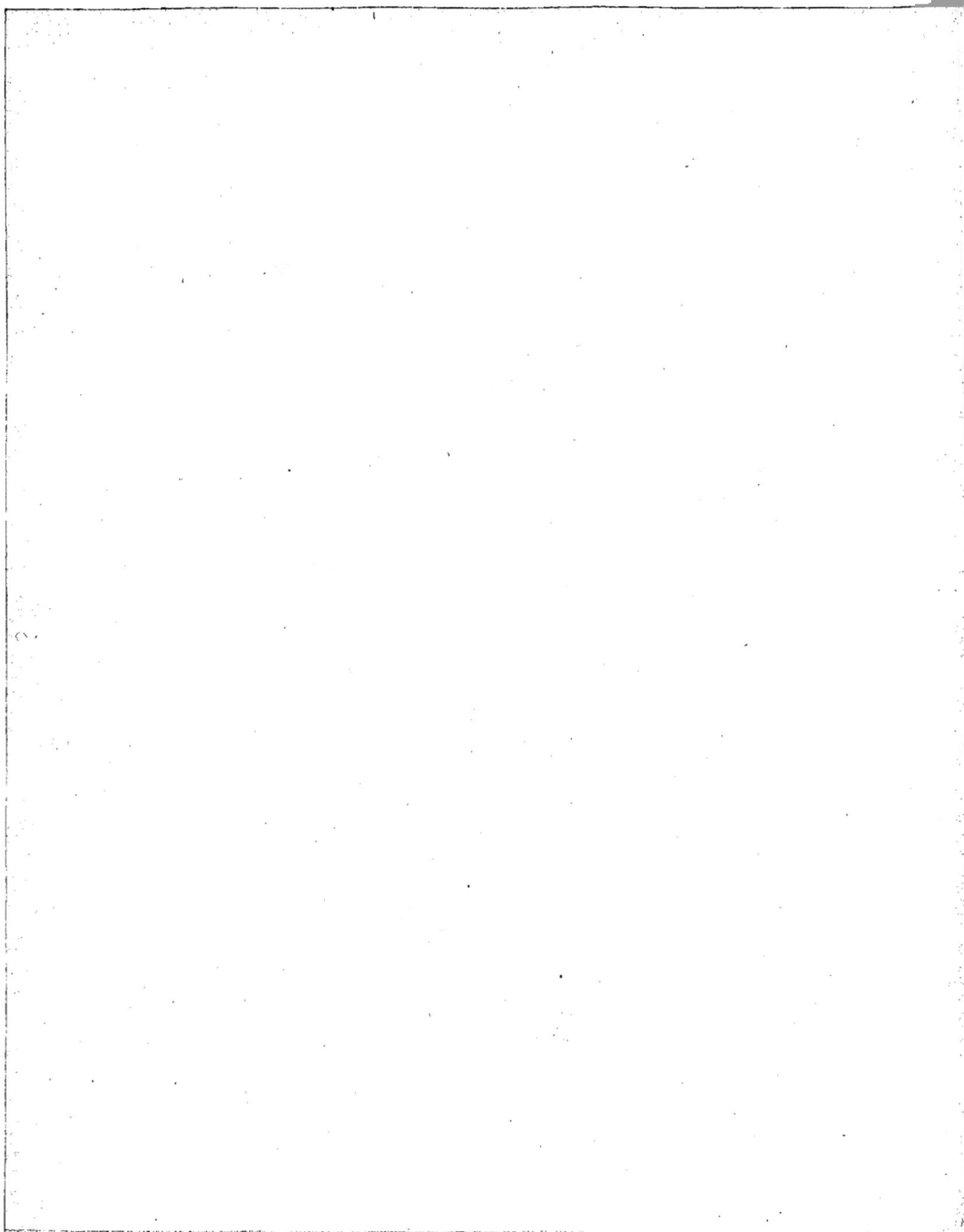

Pl. XVII.

PLAN DE LA POUPONNIÈRE

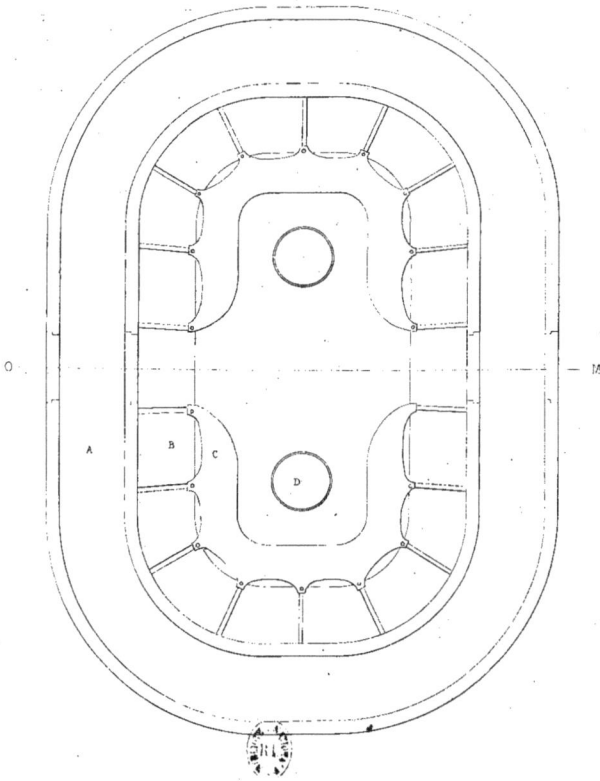

O ————————————— IA

A   B   C

D

₁₀₀ ₁ ₂ ₃ ₄ ₅ ₆ ₇ ₈ ₉ ₁ Mètre.

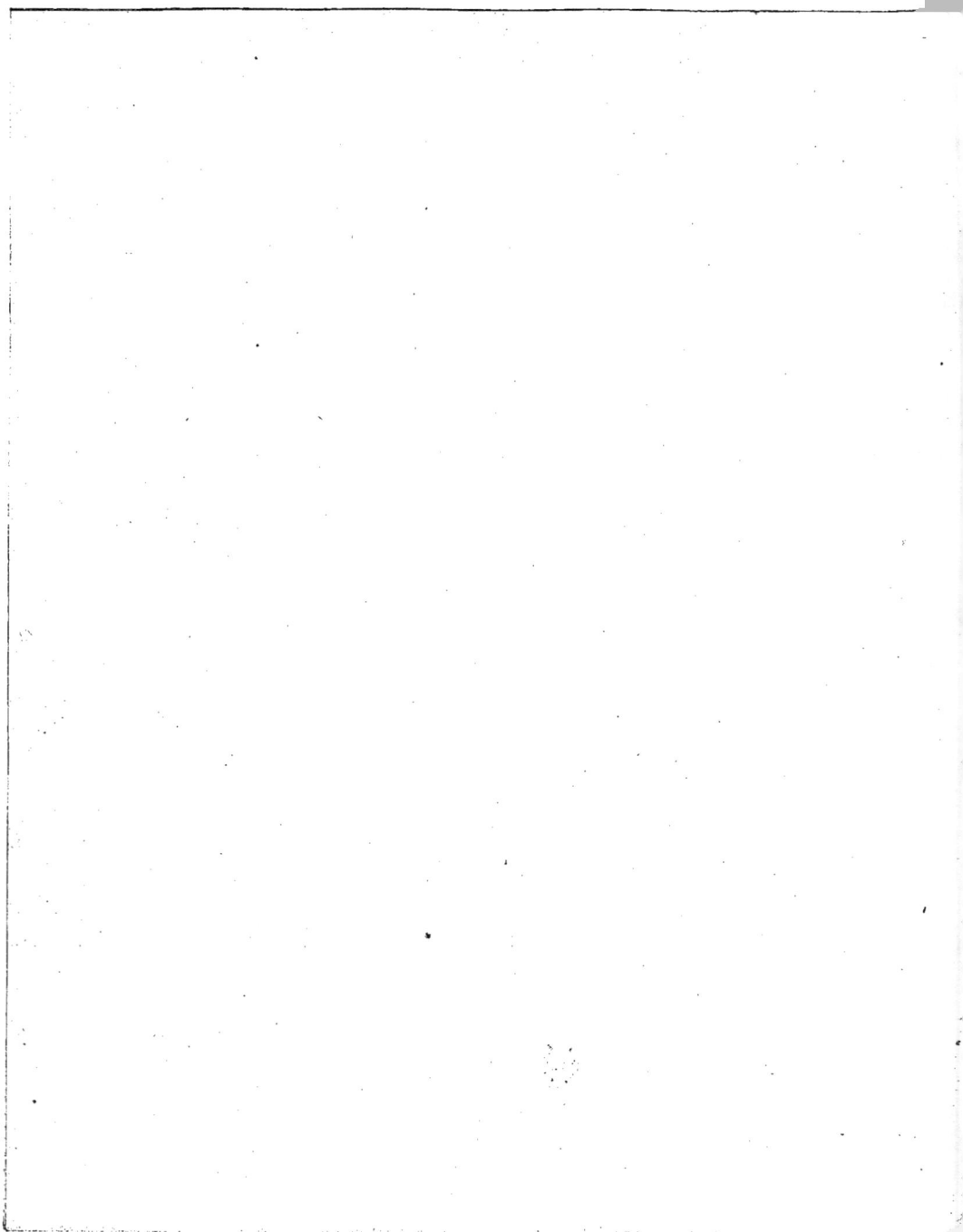

Pl. XVIII.

CRÈCHES.

Détails de la Pouponnière.

Rampe garnie de mailles en filet.

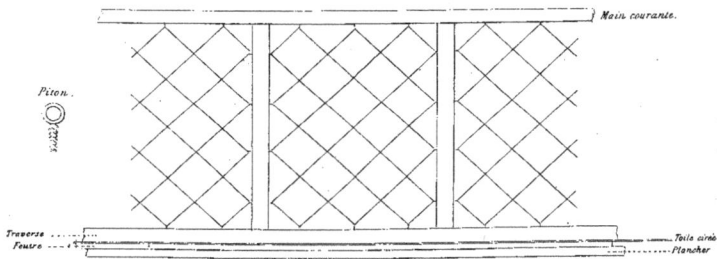

Main courante.

Piton.

Traverse
Feutre

Toile cirée
Plancher

Coupe sur la ligne O M (Pl. 17)

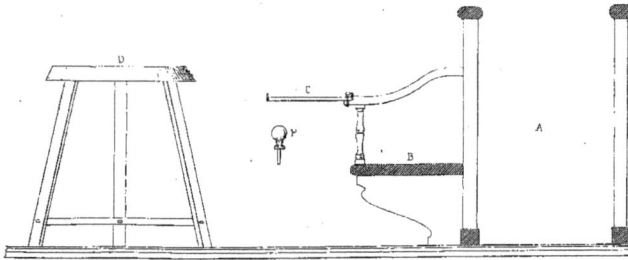

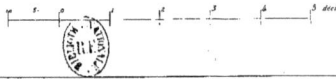

D

C

V

A

B

5 déci.

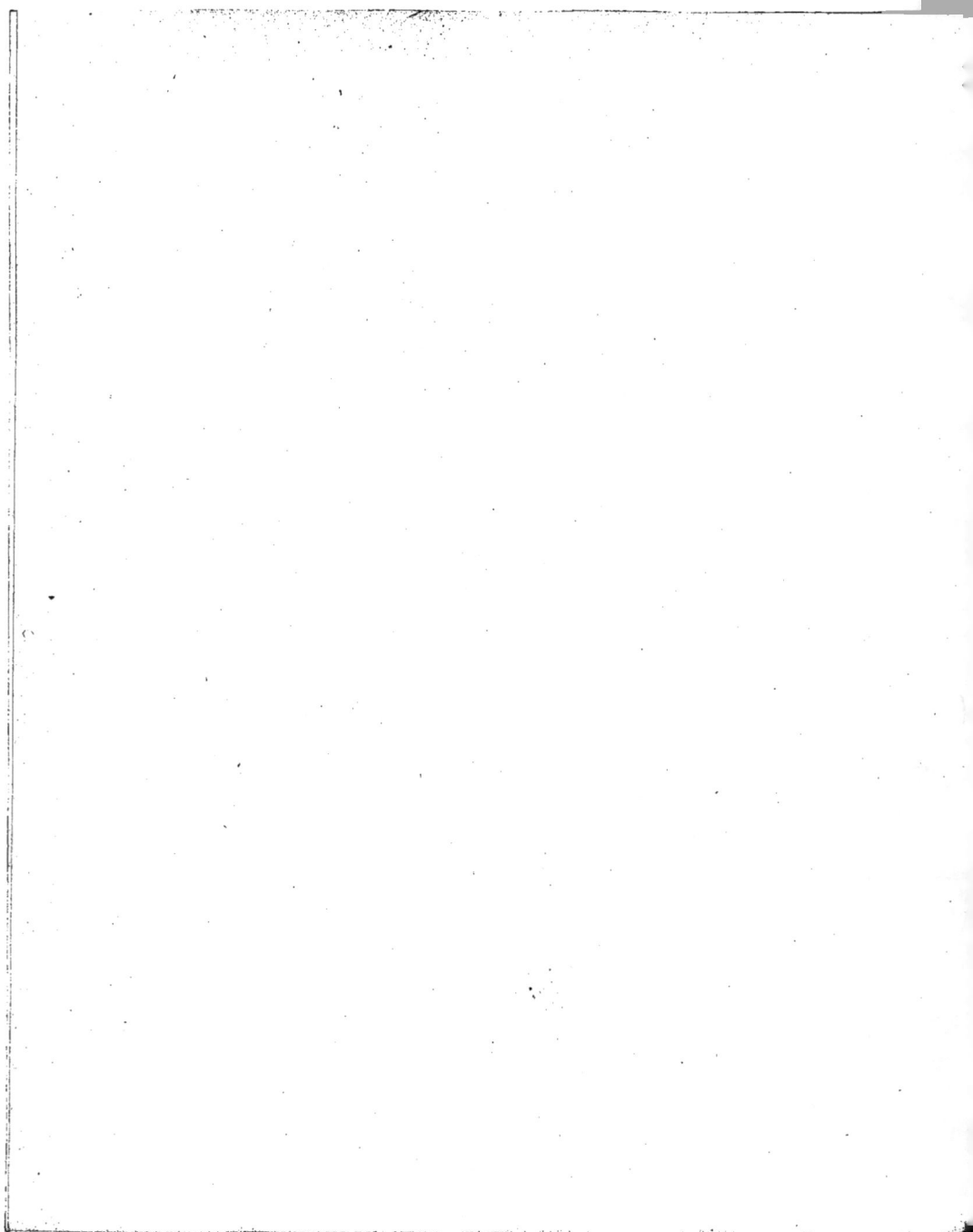

Pl. XIX.

SALLE D'ASILE

Boulier compteur.

Porte tableau

Chevalet

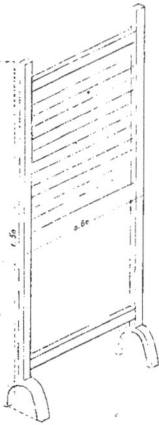

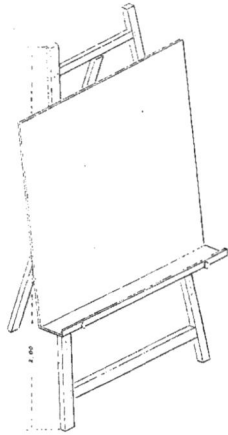

A B C D
a b c d
1 2 3 4

Banc de repos

Coupe de l'estrade.

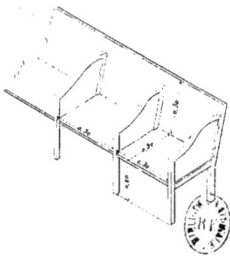
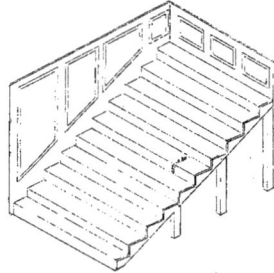

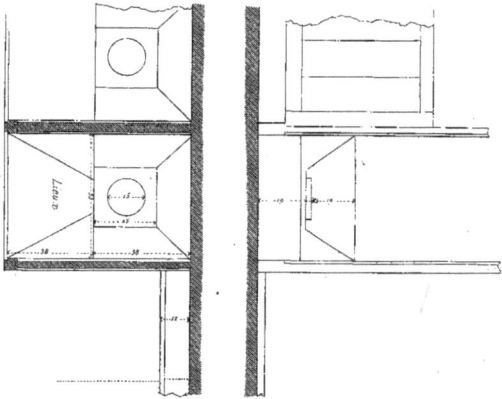

Lieux d'aisance.

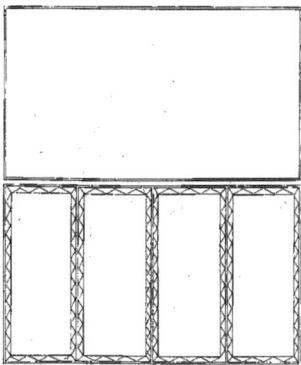

Bois.

Fer.

Lits de camp.

L. Masad del. a. sculp.

Pl. XX.

TABLE.

8

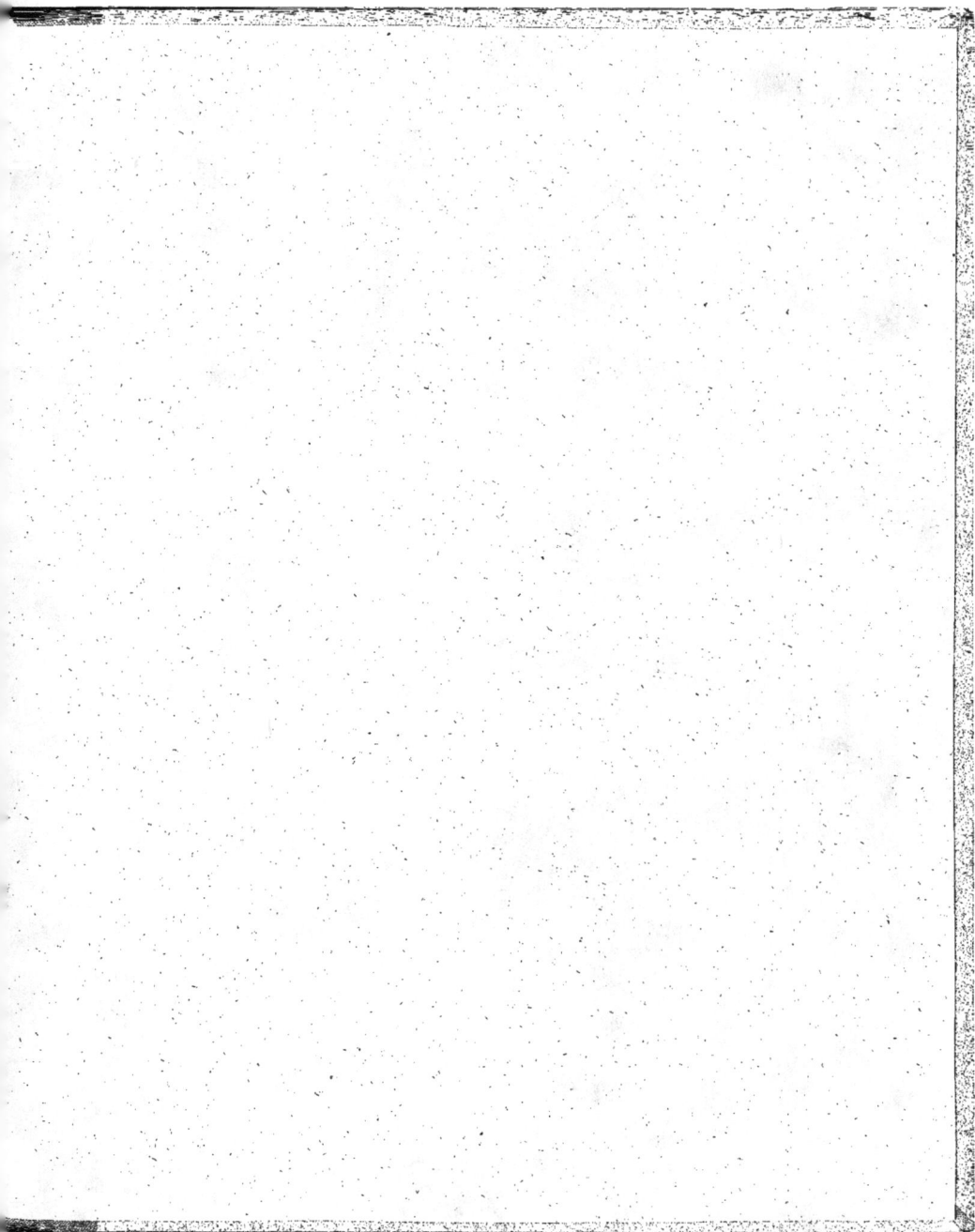

www.ingramcontent.com/pod-product-compliance
Lightning Source LLC
Chambersburg PA
CBHW070912280326
41934CB00008B/1692